참회·참회기도법

김현준 지음

효림

참회·참회기도법

초 판 1쇄 펴낸날 2005년 7월 25일 (초판 25쇄 발행)
개정판 1쇄 펴낸날 2014년 2월 22일
　　　　 5쇄 펴낸날 2022년 11월 2일

지은이 김현준
펴낸이 김연지
펴낸곳 효림출판사

등록일 1992년 1월 13일 (제2-1305호)
주 소 서울시 서초구 반포대로14길 30, 907호 (서초동, 센츄리Ⅰ)
전 화 02-582-6612, 587-6612
팩 스 02-586-9078
이메일 hyorim@nate.com

값 5,500원

서 문

살생중죄 금일참회	殺生重罪 今日懺悔
투도중죄 금일참회	偸盜重罪 今日懺悔
사음중죄 금일참회	邪淫重罪 今日懺悔
망어중죄 금일참회	妄語重罪 今日懺悔
기어중죄 금일참회	綺語重罪 今日懺悔
양설중죄 금일참회	兩舌重罪 今日懺悔
악구중죄 금일참회	惡口重罪 今日懺悔
탐애중죄 금일참회	貪愛重罪 今日懺悔
진에중죄 금일참회	瞋恚重罪 今日懺悔
치암중죄 금일참회	痴暗重罪 今日懺悔

참선도량과 참회도량으로 유명한 전라북도 부안군
월명암(月明庵)에는 월인(月印)큰스님이 계셨습니다.

평생을 참선수행에만 몰두하며 사신 스님은 1980년 대 중반에 월명암의 선원이 완공되자 조실로 추대되었습니다. 스님은 월명암 선원의 첫 결제에 참여하기 위해 찾아온 10명의 선객(禪客)들에게 말했습니다.

"우리가 세속에서나 절집안에서나 알게 모르게 지은 악업(惡業)들을 소멸시키지 못한다면 어떻게 성불을 바라볼 수 있겠는가? 또 나옹스님의 발원문(發願文)을 조석으로 되새기며 우리의 간절한 마음을 다잡아나가는 것도 중요한 수행이 아닐 수 없다. 이번 여름 안거(安居)가 끝날 때까지 참선수행과 함께 십악참회(十惡懺悔)와 발원문 정진을 하도록 하자."

일반적으로 볼 때 선원에서는 참선정진만을 중요시하여 조석예불조차도 생략하고 죽비소리에 맞추어 3배의 절만을 올립니다. 따라서 십악참회와 발원문 정진을 하자는 조실스님의 말씀은 매우 이례적인 경우라고 하지 않을 수 없습니다. 다행히 대중들은 반대하지 않았고, 그날부터 3개월 동안 월명암 대중들은 십악참회와 발원문을 외웠습니다.

그런데 신기한 일이 일어났습니다. 그 3개월 동안 부안군 관내에서 단 한 건의 범죄도 발생하지 않아, 할 일이 없어진 경찰이 손을 놓고 지낸 것입니다. 이 소식이 방송을 타고 전국에 알려졌고, 그때 어떤 이가 말했습니다.

"월명암에서 10명의 스님들이 석달 동안 참회정진을 하였다는데, 아마 그 덕분인가 봅니다."

그 말이 다시 입에서 입으로 전해짐에 따라 한적했던 월명암을 찾는 불자들의 발길이 끊이지 않았고, 참선도량 월명암은 '참회도량' 이라는 이름까지 얻게 되었습니다. 그렇게 참회와 발원을 하며 참선정진을 하던 어느 해, 대중스님들이 월인 조실스님께 의견을 보였습니다.

"이제부터는 참선수행만 하고 참회와 발원문 정진은 그만두면 좋겠습니다."

전국 대부분의 선원이 참선수행을 위주로 하고 있

었으므로 조실스님도 억지로 강요할 수 없었습니다. 그런데 한달 가량이 지나자 안타깝게도 사고가 터졌습니다. 서울에서 승합차를 타고 월명암을 찾아오던 신도들이 논산 근처에서 트럭과 충돌하여 한 명이 죽고 두 명이 크게 다친 것입니다. 그 소식을 접한 월인스님은 참회발원정진을 했던 첫 안거 때 부안에서 범죄가 사라졌던 일을 상기시키면서 다시 대중스님들을 설득했습니다.

"이 도량을 옹호하고 우리 승단을 돌보는 신장님의 가피력이 없다고 할 수가 없다. 또 우리가 참회발원정진하는 바른 뜻이 자리이타(自利利他)의 보살행을 실천하고자 함에 있음을 잊지 말고 이제부터라도 열심히 하자."

이에 대중스님들은 모두 조실스님의 말씀을 따랐고, 이후 월명암에서는 십악참회와 발원문 정진을 계속 행하고 있습니다.

𝟠

'살생중죄 금일참회'로 시작하여 '치암중죄 금일참회'로 끝나는 이 짧은 십악참회문이 여름 한철동안 부안군을 범죄없는 지역으로 바꾸어 놓았습니다. 그리고 대중스님들이 거부하여 참회정진을 멈추자 묘하게도 월명암과 직접 연결되는 사고가 일어났습니다.

　이러한 일을 우연의 일치로 생각하는 이도 있겠지만, 이것이야말로 참회의 공덕입니다. 참회를 한 공덕은 '나'의 잘못만 녹여주는 것이 아닙니다. 주위까지 맑혀줍니다. 반대로 참회를 거부하게 되면 '나' 주위까지를 힘들게 만듭니다.

　부처님께서는 『대승본생심지관경 大乘本生心地觀經』에서 참회의 십종공덕을 설하셨습니다.

　① 참회는 능히 번뇌煩惱의 땔감을 태우고
　② 참회는 능히 천상天上에 태어나게 하며
　③ 참회는 능히 사선四禪의 낙樂을 얻고
　④ 참회는 능히 마니보주摩尼寶珠를 내리게 하며

⑤ 참회는 능히 수명을 금강金剛과 같이 늘이고

⑥ 참회는 능히 언제나 즐거운 상락궁常樂宮에 들어
가게 하며

⑦ 참회는 능히 삼계三界의 감옥을 벗어나게 하고

⑧ 참회는 능히 보리菩提의 꽃을 피우며

⑨ 참회는 능히 부처님의 대원경지大圓鏡智를 보게
하고

⑩ 참회는 능히 가장 좋은 보소寶所에 이르게 한다.

또한 월인 조실스님은 2542년 부처님오신날에 다
음과 같은 법문을 주셨습니다.

"언제나 나는 참회하고 발원하는 마음을 버려서는
안 된다고 생각하고 있습니다. 구십의 나이에 내 손
으로 빨래를 하고 생식生食을 하며 사는 것도 나의
덧없는 일생을 참회하고 간절한 발원의 마음을 다잡
아가기 위함입니다.

우리는 자신이 살아온 나날들과 지금 살고 있는 이 순간을 때때로 돌아보아야 합니다. 그것이 참회입니다. 돌아볼 줄 아는 사람에게는 헛된 망상의 끄나풀에 뒤엉켜 온갖 악업을 지어내는 흉한 모습이 보일 것입니다.

　진실로 참회합시다. 오늘날 세상이 살기 어려워진 것도 한때 정신을 못차리고 들떠 살았던 시절의 업보가 아닙니까? 보다 나은 내일을 원한다면 그만큼 어제를 참회하고 지금 발원을 해야 합니다. 몸과 말과 뜻으로 짓는 모든 죄업을 참회하고 청정수행에 힘써 나와 남이 다 성불할 수 있도록 발원하는 데서 밝은 내일의 해가 떠오를 수 있습니다."

　부처님의 가르침처럼 참회를 하면 그토록 큰 공덕이 쌓이고 월인스님의 말씀처럼 오늘의 우리에게 정녕 필요한 것이 참회이거늘, 어찌 업보중생인 우리가 참회를 잊은 채 살 것입니까?

힘들고 어려운 시절을 만나고 세상이 거꾸로 흘러가는 듯한 상황에 처할수록 불자들은 흔들림없는 신심으로 더욱 열심히 참회를 하며 살아야 합니다. 참회를 통하여 '나' 자신을 맑히고 이 사회와 이 국토를 맑혀야 합니다. 참회야말로 진정한 정화(淨化)요 수행이기 때문입니다.

　이 책은 월간 『법공양』에서 1999년 1월부터 6월까지 6회에 걸쳐 연재하였던 참회의 원리 및 참회법에 대한 글을 한데 엮어 발간한 것입니다. 부족한 글이나마 우리 불자들의 참회정진에 다소나마 도움이 될 수 있기를 축원드립니다. 아울러 이 책을 쓴 공덕을 병환 중에 계시는 어머니의 빠른 쾌유와 원만한 말년 회향, 병고중생의 해탈을 향해 바치옵니다.

　나무마하반야바라밀.

서울 매봉산 기슭에서
金 鉉 埈 합장

Ⅰ. 업장과 참회

업보중생의 죄업

참회(懺悔)는 과거의 잘못을 뉘우치고 용서를 구하는 일입니다. 곧 '나'의 참된 행복을 위하여 맺힌 것을 풀고 푼 것을 더욱 원만하게 이끌어가는 묘법(妙法)이 참회인 것입니다.

일찍이 부처님께서는 여러 경전을 통하여 우리가 살고 있는 이 세계가 사바세계(娑婆世界)라는 것을 거듭거듭 강조하셨습니다. 무엇보다 먼저 우리가 '사바'라는 공간과 '사바'의 시간 속에 살고 있음을 알아야 한다는 것입니다.

그렇다면 '사바'란 무엇인가? 인도말인 '사바'는 감인(堪忍) 또는 회잡(會雜)으로 번역됩니다. 따라서 '사바'를 감인세계로 풀이하면 '참지 않고서는 살아갈 수 없는 세계'라는 뜻이 되고, 회잡세계로 풀이하면 '잡된 인연으로 얽히고 설켜 있는 세계'라는 뜻이 됩니다. 곧 잡된 인연으로 가득한 이 세계에서 사는 중생은 어느 누구 할 것 없이 능히 잘 참으며 얽히고 설킨 매듭을 풀면서 살아야 한다는 것입니다.

그러나 모든 중생은 행복하기를 원합니다. 뜻대로 이루기를 바라고 걸림없이 살기를 바랍니다. 그런데도 우리는 참지 않고서는 살 수 없는 이 세계에 태어났고, 잡된 인연에 결박되어 살아가야만 합니다. 무엇 때문에 이렇게 된 것입니까? 부모를 잘못 만나서입니까? 시대를 잘못 만나서입니까?

이 물음에 대해 부처님께서는 '업(業)'이라는 한 글자로 답하셨습니다. '지은 바'대로 받고 있다고 하셨습니다.

지난 세상 너희가 탐욕과 성냄과 어리석음으로 갖가지 업을 지었으니 지금 마음대로 하지 못하는 고통의 과보를 받고 있다는 것입니다. 부모탓도 시대탓도 할 것이 없다고 하셨습니다. 오히려 부모가 '나'를 선택한 것이 아니라 스스로가 자신의 업에 맞는 분을 부모로 선택하게 된 것이고, 업에 맞는 시대와 국토 속으로 흘러들어간 것뿐이라는 사실을 깨우쳐 주셨습니다.

나아가 지금의 고통을 능히 감수하지 않으면 이 세상을 살기가 더욱 어려워지므로 '기꺼이 받아라' 고 하셨습니다. 아울러 '그대 스스로 잡된 인연을 맺어 고통의 수렁에 갇힌 것이므로 그 얽힌 매듭을 풀 자는 오직 그대 자신뿐' 임을 부처님께서는 항상 일깨워 주셨습니다.

그러나 우리는 기꺼이 받기를 싫어합니다. 현재의 고통이 업보라는 사실조차도 쉽게 수긍하려 하지 않고, 수긍하지 않기 때문에 스스로가 풀려고도 하지 않습니다.

왜 수긍도 하지 않고 풀려고도 하지 않는 것인가? 그 업이 눈에 보이지도 않고 느껴지지도 않기 때문입니다. 하지만 우리가 느낄 수 있는 현생의 업보보다,

눈에 보이지 않는 전생의 업이 훨씬 크다는 것을 알아야 합니다.

불교에서는 전생에 지은 업과 현생에 지은 업이 현생의 과보에 작용하는 비율을 9대 1 정도로 보고 있습니다. 마치 빙산의 대부분이 물 속에 가려 있듯이, 보이지 않는 전생의 업이 감지할 수 있는 현생의 업보다 훨씬 영향력이 크다고 합니다.

전생의 업장 ….

인천광역시 부평에는 1921년 신유생 할머니가 계십니다. 이 분의 이름을 밝힐 만한 이야기가 아니므로 여기서는 '부평보살님'이라 칭하겠습니다.

부평보살님은 18세에 시집을 가서 23세에 둘째 아기를 낳았습니다. 23세라면 두 아이와 함께 부부의 정을 나누며 한창 재미있게 살 나이인데, 그때부터 남편이 바람을 피우기 시작했습니다.

하지만 그 바람은 밖에서만 끝나는 바람이 아니었습니다. 사귀는 여자를 집으로 데리고 들어와 잘해주기를 상전처럼 하면서 본부인은 식모나 노예처럼 부렸습니다. 그러다가 그 여자가 싫어지면 버리고 또 다른 여자를 데리고 들어와서 희희낙락하는 것이었습니다. 심지어는 그 여자들과의 사이에서 자식이 태어나면 그 아이들까지 본부인에게 키우도록 맡겼습니다.

말할 수 없이 속이 상한 부평보살이 가끔씩 항의를 하면 남편은 절대로 큰소리를 치거나 손찌검을 하지 않았습니다. 대신 아이들을 때리고 발길질하고 집어던지기까지 하였습니다. 모성애가 지극했던 부평보살은 자식들에게 해가 돌아가지 않도록 하기 위해 참고 견딜 수밖에 없었습니다.

그렇게 지내기를 7년, 서른이 된 부평보살은 자신의 신세를 한탄하다가 무작정 집을 떠났고, 발길 닿는 대로 가다가 계룡산 신흥암에 이르게 되었습니다. 공주 갑사의 부속암자인 신흥암은 천진보탑(天眞寶塔)이 있는 유명한 기도도량입니다.

온 산천이 꽁꽁 얼어붙은 음력 섣달, 부평보살은 이 신흥암에서 삼칠일(21일) 기도를 시작했습니다.

새벽 2시에 일어나 계곡의 얼음을 깨고 목욕을 한 다음 밤 12시까지 기도를 하고, 잠깐 눈을 붙인 다음 또 새벽 2시에 일어나 기도했습니다. 그야말로 하루종일 기도하면서 그녀는 부처님께 여쭈었습니다.

"대자대비하신 부처님, 저와 그 사람 사이에 무엇이 어떻게 얽혀 그토록 애를 먹이나이까? 부디 가르쳐 주옵소서."

그렇게 질문을 하면서 몸을 돌보지 않고 삼칠일 기도를 한 마지막날 저녁, 부평보살은 절을 하다가 엎드린 채 깜빡 눈을 감았습니다. 순간, 어떤 전경이 눈앞에 쫙 펼쳐졌습니다.

그녀는 남자인지 여자인지 알 수 없는 어떤 사람과 싸움을 하고 있었습니다. 처음에는 말로만 다투다가 삿대질을 하기 시작했고, 마침내는 서로가 멱살을 잡고 치고받고 머리카락을 쥐어뜯으며 싸우다가 함께 바닥에 넘어져 엎치락뒤치락 하였습니다. 그때 불끈한 생각이 치솟았습니다.

'이걸 그냥 죽여버려야지!'

주위를 살폈더니 마침 칼이 하나 보였고, 그 칼을

집어 상대를 찔렀습니다. 그러나 죽지 않자 다시 칼을 뽑아 또 찔렀습니다. 결국 상대는 쓰러졌고 싸움은 끝났습니다.

'죽었구나. 내가 이겼다.'

그렇게 생각하며 칼을 집어던지고 일어서는데, 죽었던 그 사람이 따라 일어나는 것이었습니다.

'아! 내가 저 사람을 죽였으니 이번에는 저 사람이 나를 죽일 것이다.'

문득 이와 같은 생각이 떠오르는 순간 상대편이 빙긋이 웃으며 말했습니다.

"네가 나를 죽였으니 이번에는 내가 너를 죽일 차례다."

그리고 칼을 들고 쫓아왔으므로 피하다가 피하다가 꼼짝달싹도 할 수 없는 모퉁이로 내몰리게 되었습니다. 그 사람은 날이 시퍼렇게 선 칼날을 목에다 대고 말했습니다.

"너는 나를 단 두 번의 칼질로 쉽게 죽였지만, 나는 그렇게 하지 않는다. 오랫동안 바짝바짝 마르는 너의 모습을 즐긴 다음 죽일 것이다."

불과 1~2분 사이, 부평보살은 절하다 엎드린 채 이러한 꿈을 꾸고 깨어났습니다. 그리고 깨달았습니다.

　'아, 지금의 내 남편은 남편이 아니구나. 꿈 속에서 내가 죽인 사람이 나를 바짝바짝 말려 죽인다고 하더니, 금생에 남편이 되어 나를 말려 죽이려 한 것이구나.'

　그날 이후 부평보살은 남편이 하는 일에 한 마디의 불평도 반항도 대꾸도 하지 않고 묵묵히 살았습니다. 하지만 남편의 복수는 끝난 것이 아니었습니다.

　자유당 시절, 남편은 서울 을지로 3가에 6층짜리 빌딩을 세 채나 가지고 있었지만 정치활동을 하다가 모두 날려버렸고, 그것도 모자라 돈을 빌려쓰기 시작했습니다. 그런데 돈을 빌릴 때는 반드시 부인의 인감을 찍어주는 것이었습니다.

　나이 사십이 넘자 남편은 중풍으로 쓰러졌고, 부평보살은 사방을 뛰어다니며 좋다는 약을 구해오고 용하다는 의사를 모셔와서 치료했습니다. 3년이 지나자 남편은 지팡이를 짚고 걸을 수 있게 되었지만, 병상에서 일어나자마자 다시 작은 마누라를 찾아가는 것이었습니다.

2년 뒤 남편은 두 번째로 쓰러져 다시는 돌아오지 못할 저세상 사람이 되었으나, 남기고 간 빚은 모두 부인의 몫이 되었습니다. 거기에다 자신이 낳은 자식 둘과 남편이 바람을 피워 얻은 여섯 아이 등 8남매를 기르며 살아야만 했습니다.

§

이토록 모진 것이 업장(業障)입니다. 세상을 살다 보면 억울한 생각이 들 때가 있습니다.

'나는 아무런 잘못이 없는데 어찌 남들처럼 행복하게 살지 못하는가?'

'왜 나에게만, 우리 집안에만 이와 같은 불행이 찾아드는 것인가?'

하지만 그것은 바로 지나간 많은 생애동안 내가 쌓은 업(業) 때문이요 매듭 때문이요 빚 때문에 생겨나는 불행입니다. 원인을 알 수 없다고 하여 그냥 원망만 할 일이 아닙니다. 눈에 보이지 않는다고 하여 자포자기할 일도 아닙니다.

전생에 맺은 빚과 죄업이 크면 클수록 불행이 큰 법이요, 불행이 크면 클수록 간절히 정성을 다해 참회하면 됩니다.

부평보살님은 다행히도 기도를 하여 전생의 업보를 깨달았습니다. 그 결과 전생의 빚을 갚는 자세로 '기꺼이 받으며' 살았기에 마음 고생은 덜 하며 살 수 있었습니다. 그러나 안타까운 것은 신흥암의 기도 이후 깊은 참회가 따르지 않았다는 것입니다. 만약 부평보살님이 지난 생의 잘못을 녹이는 참회기도에 몰두하였다면 훨씬 좋은 결과를 볼 수 있었을 것입니다.

업장을 녹이는 참회

실로 간절히 정성을 다해 참회하면 녹아내리지 않을 업장이 없습니다. 그런데도 사람들은 참회를 하지 않고 한탄만 합니다. 그리고 또 말합니다.

'나는 죄가 없다.'

'나는 죄를 짓지 않았다.'

하지만 자세히 자신을 관찰해 보십시오. 지금 이생애만이라도 되돌아 보십시오. 평생토록 몸과 말과 생각으로 알게 모르게 지은 죄가 어찌 적다고 하겠습니까?

공연히 드러누워 있다가 단지 싫다는 감정 때문에 그 어떤 사람이 사라져 주었으면 하는 생각을 일으키기도 하고, 무심코 내뱉은 말 한 마디로 상대방의 가슴에 못을 박은 일도 있을 것입니다. 또 물질적으로 육체적으로 심심찮게 허물을 범하는 존재가 인간입니다.

이렇듯 현생에 짓는 죄만 하여도 가히 헤아리기 어려운데, 하물며 전생의 죄업까지를 더하여 보십시오.

그야말로 '한량없는 죄업'이라 하지 않을 수 없습니다. 그렇다면 어떻게 하여야 그 죄업을 녹여 없앨 수 있는가?

오직 스스로 참회하는 수밖에 없습니다. 이제라도 합장하고 정성을 다해 참회하게 되면, 업장은 구름 걷히듯 사라지게 됩니다. 진정 참회 외에는 업장을 녹일 수 있는 다른 방법이 없습니다.

그렇다면 참회는 어떻게 하는 것인가?

"잘못했습니다."

바로 이 한 마디 속에 모든 업장을 녹이는 참회의 핵심이 간직되어 있습니다. 정성을 다하여 무조건 잘못했다고 하다가, 저절로 눈물이 쑥 빠지고 내 마음 속에 있던 그 무엇이 확 풀리게 되면 참회가 이루어집니다.

또한 평소의 참회는 전혀 기억하지 못하는 업장을 푸는 데 큰 도움이 됩니다.

중국 양나라 때 양주 땅에 살았던 정백린(程伯鱗)은

평소 관세음보살을 정성껏 부르며 참회하였습니다. 어느 해 여름, 전쟁이 일어나 적병이 양주 땅으로 쳐들어오게 되자, 정백린은 집안에 모신 관세음보살님께 가족의 안전을 기원하였습니다. 그날 밤, 정백린의 꿈에 나타난 관세음보살님은 말씀하셨습니다.

"그대 가족 17명 중 16명은 무사히 피난할 수 있지만, 한 사람만은 안 된다."

"그 한 사람이 누구입니까?"

"바로 그대이니라."

"어찌하여 그러합니까?"

"그대는 과거 전생에 어떤 사람을 칼로 26번이나 베어 죽인 일이 있었다. 그 사람이 지금 대장군 왕마자(王麻子)가 되어 양주땅으로 쳐들어오고 있다. 이제 그대는 전생의 과보로 왕마자의 칼에 죽임을 당할 것이다. 그대는 홀로 집안에 남아 피난가는 가족들이라도 온전히 살아남을 수 있도록 함이 좋으리라."

꿈은 너무나 생생하였습니다. 정백린은 가족을 모두 피난시킨 다음, 집안의 관세음보살상 앞에 앉아 정성을 다해 염불했습니다. 5일이 지나자 칼을 뽑아

든 장군 한 사람이 대문을 박차고 집안으로 들어섰고, 정백린은 담담한 자세로 그를 맞이하였습니다.

"어서오십시오. 왕마자 장군."

"어? 어떻게 나의 이름을 알고 있소?"

어리둥절해하는 왕마자에게 정백린은 관세음보살께서 현몽한 이야기를 들려준 다음, 왕마자 앞에 무릎을 꿇고 말했습니다.

"내가 전생에 당신을 죽였으니, 오늘 내가 당신의 손에 죽는 것은 너무나 당연합니다. 기꺼이 죽겠습니다. 다만 한 가지, 우리의 원결은 오늘 이 자리에서 모두 풀어버리고 다시는 서로 원수가 되지 맙시다."

그 말을 들은 왕마자는 가슴이 확 뚫리는 것을 느꼈습니다.

"좋소이다. 오늘로써 전생의 원한을 모두 풀고, 앞으로는 세세생생 다정한 벗이 됩시다."

왕마자는 정백린의 몸을 칼등으로 가볍게 26차례 내리친 다음 부하들을 이끌고 떠나갔습니다.

❡

평소에 꾸준히 참회기도를 한 정백린은 다가오는

업보를 피하지 않았습니다. 무섭기 그지없는 죽음의 그림자를 참회의 기도를 하며 맞이했습니다. 그리고 상대가 찾아왔을 때 잘못을 참회한 다음, 더 이상의 원결을 맺지 않겠다는 뜻으로 '다시는 서로 원수가 되지 말자' 고 했습니다.

이와 같은 정백린의 자세야말로 진참회(眞懺悔)의 모습입니다. 꾸준히 참회기도를 하고 상대를 참회로써 맞이하고 더 이상의 원결을 맺지 않겠는데 어떤 업장이 풀리지 않겠습니까? 우리 불자들도 정백린의 자세를 마음에 새겨 지금의 업장과 다가오는 업장들을 녹여야 합니다.

"잘못했습니다."
"이제까지 제가 지은 모든 죄를 참회하옵니다."

이렇게 잘못을 참회하며 업장을 소멸시키다 보면, 차츰 마음이 고요해져서 괴로움이 다가와도 휩싸이지 않게 됩니다. 그리고 스스로의 마음 속에 원망스러운 감정과 미워하는 생각들이 점차로 옅어지면서,

진리와 저절로 맞아들어가는 생활을 할 수 있게 됩니다.

이렇게 되면 죄업에 대한 과보를 받고 받지 않고는 문제가 되지 않습니다. 그릇된 업은 저절로 풀리면서 새로운 선업을 이루고, 악연은 좋은 인연으로 바뀌게 됩니다.

이 사바세계에 살고 있는 우리에게 무엇보다 필요한 것은 '지금 이 자리'에서의 참회입니다.

우리는 바로 지금 이 자리에서 과거의 맺힌 업을 푸는 것과 동시에 새로운 업을 짓게 됩니다. 따라서 바로 이 순간에, 맺힌 업을 풀고 푼 업을 더욱 원만하게 가꾸어갈 수도 있고, 새로운 악업을 맺어 더 나쁜 상태로 자신을 몰아갈 수도 있습니다.

맺느냐? 푸느냐? 이는 오직 지금 이 자리에서 내가 어떻게 하느냐에 달려 있습니다. 눈앞의 이익만을 생각하고 모든 것을 상대적인 감정과 자존심으로 해결하려 하면 매듭만 더욱 늘어갈 뿐입니다.

이기적인 '나'를 비우고 무조건 참회해 보십시오. 진심으로 참회하고 기꺼이 받고자 할 때 모든 것은 풀립니다. 참되고 복되고 자유로운 삶! 그것은 진정으로 참회하고 기꺼이 받고자 하는 마음이 결정한다는 사실을 잊지 말아야 합니다.

부디 '보이지 않는 업' 이라며 이 순간을 함부로 하지 말고, 지금 이 자리에서 언제나 참회하는 불자가 되어 멋진 삶을 영위하게 되기를 간절히 축원드립니다.

Ⅱ. 가까운 이를 향한 참회

모진 사람, 모진 인연

한평생을 살면서 사람들이 겪는 괴로움은 각양각색이지만, 괴로움의 원인을 한 마디로 요약하면 '사람과 물질'이라 할 수 있습니다. 이 둘 중에서도 물질은 가진 것만으로 만족을 하거나 포기를 할 수도 있지만 사람은 다릅니다.

우리는 어려서부터 사람과 사람은 서로 사랑하면서 살아야 하고, 서로를 보살피며 살아야 한다고 배웠습니다. 물론 당연히 그렇게 살아야 합니다. 그런데 그 당연한 사랑과 보살핌을 뜻과 같이 하지 못하고 사는 경우가 많습니다.

아니, 뜻과 같이 하지 못하는 정도가 아니라, 이 세상의 가장 큰 고통이 사람과 사람 사이에서 전개됩니다. 상대를 미워하고 시기하고 질투하고 원수처럼 여기면서 스스로 또한 괴로워하고…. 정녕 평생토록 사람 때문에 괴로워하지 않고 살 수 있다면 더 이상의 큰 행복도 없을 것입니다.

더욱 유감스럽고 안타까운 것은 마땅히 사랑해야 할 관계 속에 있는 사람들과도 원만한 관계를 유지하지 못하고 살아갈 때입니다. 특히 사랑하는 부모·형제·남편·아내·아들·딸 등은 좋은 인연 속에서 서로를 살려가야 할 가족들이건만, 오히려 그 사람들 때문에 '머리가 아프고 가슴이 찢어질 듯한' 때가 많습니다.

인연이 깊으면 깊을수록, 사랑하면 사랑할수록 서로를 살려야 하는 것인데, 좋은 인연은커녕 서로가 서로에게 깊은 상처를 주고 악연(惡緣)을 맺는 경우도 수없이 많습니다. 여기서 잠깐 실제로 있었던 아주 극단적인 예를 하나 들겠습니다.

해방이 되기 한 해 전인 1944년, 경상북도 영천군의 시골마을에 젊은 내외가 나이 많은 어머니와 어린 아들을 데리고 살았습니다. 젊은 내외는 주로 논밭에 나가 일을 하고 할머니는 집에서 손자를 돌보며 살았습니다.

어느 날, 아들 내외는 밭일을 나가고 할머니는 아들 내외의 일을 덜어주고자 손자를 등에 업은 채 쇠죽을 끓이게 되었습니다. 쇠죽은 뜨물을 솥에 부어 펄펄 끓인 다음, 여물을 넣고 푹 삶으면 완성됩니다. 할머니가 뜨물이 펄펄 끓는 솥뚜껑을 열고 엎드려서 여물을 넣으려는 순간, 할머니의 등에 업힌 손자가 배가 고프다며 몸부림을 치다가 끓는 물 속으로 떨어져 죽고 말았습니다.

순식간에 죽어버린 손자를 안방의 구들목에 눕히고 홑이불로 덮어놓은 다음, 그 옆에 주저앉은 할머니는 그만 넋이 빠져버렸습니다. 아들 내외는 어둠이 깔리자 집으로 돌아왔고, 며느리는 방으로 들어갔습니다. 아이는 홑이불을 덮어쓰고 자는 듯하였고, 평소 같으면 밥도 해놓고 쇠죽도 끓여 놓고 방에다 불도 켜놓았을 시어머니는 넋이 나간 듯 꼼짝도 하지 않고 앉아있었습니다.

"어머님, 어디 아프세요?"

이상한 생각이 들어 시어머니를 불렀지만 대답이 없자, 며느리는 부엌으로 가서 밥을 하기 시작했습니다. 그때 아들이 방문을 벌컥 열고 들어가 소리쳤습니다.

"우리가 놀다가 왔어요? 집에 있으면서 밥도 하지 않고 하루종일 무엇을 하셨소?"

어머니는 여전히 반응이 없었고, 밥을 하던 며느리가 대신 답을 했습니다.

"어머님께서 아프신가봐요. 당신 너무 나무라지 마세요."

며느리가 밥상을 차려왔으나 할머니는 여전히 넋을 잃고 앉아 있었습니다.

"어머님, 왜 그러세요?"

"어머니, 아파도 조금 드셔보소."

며느리와 아들이 여러 차례 권하였지만 할머니는

밥숟가락을 들 생각조차 하지 않았습니다. 그러다 아들이 아내에게 말했습니다.

"저 아이를 깨워서 밥먹여라."

아이를 깨우려고 홑이불을 들친 아내는 아이가 푹 삶긴 채 죽어있는 것을 보고 주저앉아 통곡하였고, 아들은 어머니를 윽박지르며 달려들었습니다.

"내 새끼를 저렇게 죽여놓고 살기를 바라요? 저 아이를 업고 나와 함께 갑시다."

"그러지 마세요. 나이 많은 어머니를 왜 모서가요? 당신 혼자 가서 묻고 오세요."

그러나 아들은 노발대발하여 변명 한 마디 하지 못한 채 쩔쩔 매고 있는 어머니의 등에 죽은 아이를 업혀 집을 나섰습니다. 그리고 한밤중이 되어 남편은 혼자 집으로 돌아왔습니다.

"어머님은 왜 안 오세요?"

"쓸데없는 늙은이! 함께 묻어버렸어."

"어떻게 그럴 수가 있어요? 당신을 낳아주신 어머니 아닙니까? 젊은 우리야 자식을 또 낳으면 되지만 어떻게 어머니를 생매장합니까? 당장 갑시다. 어머니를 찾으러 가자고요."

아내가 울면서 애원했지만 남편은 냉담하게 말했습니다.

"너 혼자 가서 파라."

그리고는 어디에 묻어놓았는지도 가르쳐주지 않았습니다. 그로부터 2주일 후, 남편은 아랫도리를 못쓰게 되어버렸습니다. 아들에게 파묻혀 죽은 어머니가 큰 구렁이로 몸을 바꾸어 다리 부분을 완전히 휘감고 있었던 것입니다. 또한 넋이 나간 사람처럼 말도 못하고 눈만 껌뻑거리며 지내다가, 얼마 살지 못하고 저 세상 사람이 되었습니다.

୫

이는 영천 은해사에서 약 40리 가량 떨어진 마을에서 일어났던 사건으로, 당시 은해사 강사로 계셨던 강고봉(姜高峰, 1901~1967) 스님께서 학인들을 데리고 가서 직접 목격하셨던 일입니다.

평소 늙고 힘없는 어머니를 우습게 여기다가 아이의 죽음으로 인해 일어난 분노를 삭이지 못해, 자신을 낳아주고 길러준 어머니를 산 채로 파묻어버린 불효막심한 아들! 세상에 있어서는 안 될 이 일은 어머니가 죽는 것으로 끝이 나지 않았습니다. 오히려 결코 있어서는 안 될 일이었기에 더욱 처참한 결과가 뒤따랐던 것입니다.

아무리 가까운 부모자식이라 할지라도 인과의 법칙은 한 치의 오차도 없이 다가오기 마련이며, 인연이 깊은 만큼 원한도 악연도 더 깊어지게 됩니다. 정녕 가까운 인연이라고 하여 함부로 대하며 살아서는 안 됩니다. 모진 사람이 되고 모진 인연을 맺으며 살아서는 안 됩니다.

서로가 가깝고 만만하다고 하여 말과 행동과 마음가짐을 함부로 하다보면, 어느 날 갑자기 오랫동안 맺힌 응어리와 원망이 한꺼번에 터져나와 걷잡을 수 없는 불행 속으로 빠져들게 됩니다. 우리 모두가 참으로 조심하고 정성을 모아 대해야 할 이가 부모요 형제요 남편이요 아내요 아들딸임을 잊어서는 안 됩니다.

또 한가지 이야기를 음미해 봅시다.

원수가 가족이 되어

🌸

조선시대 후기, 충청도의 한 고갯마루에서 자식도 없는 내외가 조그마한 주막을 차려 근근히 살림을 꾸려가고 있었습니다.

그런데 어느 날 갑자기 큰 기와집과 논밭을 사들여 마을 안의 제일 부자로 둔갑을 하는 것이었습니다. 그리고 없던 자식도 해마다 낳아 슬하에 세 아들을 두게 되었습니다.

그들 부부는 금이야 옥이야 하면서 아들들을 키웠고 글공부도 많이 시켰습니다. 세 아들은 하나같이 글을 잘 깨쳤고 문장도 좋아 과거에 응시하자 모두가 한꺼번에 급제하였습니다. 두 내외의 기쁨은 이루 다 말할 수가 없었습니다.

과거에 급제한 세 아들이 한양에서 돌아오는 날, 내외는 잔칫상을 차려놓고 마을 사람들과 풍악을 울리며 기다렸습니다. 마침내 세 아들은 마을 어귀로 들어섰고 부모와 마을 사람들은 환호하며 영접하였습니다.

아들들은 부모님께 절을 올리기 위해 말에서 내리고자 했습니다. 그런데 이상하게도 셋 모두가 발을 헛디뎌 땅바닥에 굴러떨어졌고, 그 자리에서 아들 셋이 모두 죽고 말았습니다. 순식간에 잔칫집은 초상집으로 바뀌었고, 너무나 억울하고 분하였던 두 내외는 고을 원님을 찾아가 호소하였습니다.

"원님, 저희 아들의 원수를 갚아주십시오. 과거에 급제한 세 아들의 목숨을 빼앗아 간 그 못된 귀신을 붙잡아 처벌하여 주십시오."

원님은 귀신을 붙잡아 처벌해 달라는 요구에 어처구니가 없었지만, 자식 셋을 한꺼번에 잃은 부모의 심정을 헤아려 타일렀습니다.

"나는 이 고을 사람들이나 다스릴 뿐, 염라대왕이나 귀신은 다스리지 못한다네. 사람의 목숨은 하늘이 정하는 것이니, 슬프지만 어떻게 하겠는가?"

두 내외는 힘없이 원님 앞에서 물러나왔고, 원님은 참으로 측은하고 안타까운 마음이 일어났습니다. 그래서 귀신을 불러 물어보리라 생각하고 이방을 불렀습니다.

"이방은 쌀을 일곱 번 쓸고 일곱 번 씻어 밥을 지은 다음, 밥상을 차려 방죽 옆의 다리 위에 차려 놓아라."

이어서 원님은 편지를 한 장 써서, 담이 아주 큰 사령에게 주며 말했습니다.

"오늘 밤 자정에 방죽 옆의 다리로 가면 밥상을 받고 있는 늙은이가 있을 것이니, 그분들에게 이 편지를 전해드려라."

자정이 되어 사령이 다리로 나가자, 과연 노인장세 분이 밥상 앞에 앉아 있었습니다. 사령이 원님의 편지를 전하자, 노인장들은 편지를 읽고 자리에서 일어서며 말했습니다.

"시장하던 차에 대접도 잘 받았고, 이 고을에 왔으니 원님을 만나보고 가는 것도 좋겠군!"

그리고는 담이 큰 사령을 따라왔습니다. 원님은 그들을 방안으로 모신 다음 따졌습니다.

"아무리 사람의 목숨을 다루는 염라대왕의 사자라고는 하지만, 이제 막 과거에 급제한 꽃다운 목숨을 셋씩이나 한꺼번에 앗아가다니! 그렇게 사람의 목숨을 함부로 다루어도 됩니까?"

"이보시오, 원님. 우리가 저승사자이기는 하지만 제 명이 다하지 않은 사람은 절대로 데려갈 수 없소이다."

"그럼 그 세 아들도 명이 다하였다는 말씀이오?"

"그렇다마다요."

"어떻게 앞길이 구만리 같은 젊은이 셋이 똑같이 명이 다할 수가 있습니까? 그것도 과거에 급제하고 집으로 돌아와 말에서 내리다가?"

"허허, 원님. 사실은 세 젊은이가 전생의 원수인 부모에게 복수를 하기 위해 죽은 것이외다."

"도대체 무슨 말인지 이해가 되지 않습니다."

"그렇다면 일러주리다. 20여 년 전의 일입니다. 유기장수 세 사람이 고갯마루의 주막에서 하룻밤을 묵었을 때, 주인 내외가 한밤중에 그들을 죽여 돈을 빼앗고 시체는 마구간 밑에 묻었지요. 주막집 내외는 부자가 되었고, 원통하게 죽은 세 유기장사는 원수를 갚기 위해 주막집 내외의 아들로 태어났던 것이지."

"그렇다면 원수인 부모를 죽음으로 몰아넣어야지 왜 자신들이 죽었습니까?"

"말 잘 듣고 착하고 귀엽기 짝이 없는 자식으로 자라 과거까지 합격하여 최고의 기쁨을 주다가, 갑자기 죽음으로써 두 내외의 가슴에 가장 아픈 슬픔의 칼을 꽂은 것이지요. 생각해 보시오. 그들이 어찌 예사로운 자식이었겠소? 세상일이란 다 인연따라 오고가는 것이지요."

이 말을 마치고 세 늙은이는 자취를 감추었습니다. 원님은 날이 밝기가 무섭게 사령들을 파견하여 고갯마루 주막집의 마구간 밑을 파헤쳐 보도록 하였습니다. 과연 염라대왕 사자들이 말한 대로 마구간 밑에는 시체 세 구가 썩지도 않은 채 있었습니다. 원님은 곧 두 내외를 잡아들여 죄를 자백받고 그들을 처벌하였습니다.

§

대부분의 사람들은 '원수'가 남남 사이에서 맺어지는 것으로 착각을 합니다. 하지만 원수는 남남 사이에서만 등장하는 것이 아닙니다. 이 이야기에서처럼, 오히려 큰 원수는 부부나 부모·자식·연인 등 결코 무시할 수도 없고 무시당할 수도 없는 사이에 깃들게 됩니다. 그야말로 원수가 가족이 되어 복수를 하는 경우도 심심찮게 나타나고 있습니다.

그리고 원수가 아닐지라도 가족이 되려면 다생다 겁의 인연이 있어야 가능합니다. 참으로 묘하게도 심령과학자들이 연구한 바에 따르면, 여러 생 동안 가족관계를 맺었던 사람들이 이 생에서도 가족이 되어 있는 경우가 대부분입니다.

그렇다면 우리는 현재의 가족들과 전생에 어떠한 인연을 맺었을까요? 그 많은 시간을 함께 하면서 '사랑'이란 이름으로 좋은 업도 많이 지었겠지만, 서로를 힘들게 하는 업도 짓지 않을 수가 없습니다.

마음 가득히 사랑이 넘치는 사이! 그렇다고하여 서로를 힘들게 한 그 업의 과보를 피해가기란 용이하지 않습니다. 따라서 이 현생에 무척이나 좋은 인연의 가족관계를 유지하고 있는 이라 할지라도, 서로를 힘들게 하는 일은 거듭거듭 생겨나기 마련인 것입니다.

다시금 생각을 해보십시오. 만일 우리의 가족들이

좋은 인연으로만 만났다면 가족 때문에 속이 상하지 말아야 하고, 짜증이 나지 않아야 하고, 화가 나지 않아야 하고, 불필요한 근심걱정이 일어나지 않아야 합니다.

만약 가족 중의 그 누구로 인해 화가 나고 신경이 쓰이고 짜증이 나고 속이 상하는 일이 거듭된다면, 무엇인지는 분명하지 않지만 그 사람과의 사이에 좋지 않은 업연이 얽혀 있다고 보아야 합니다. 좋은 인연만으로 만났으면 언제나 반갑고 즐겁고 흐뭇해야 할 것인데, 좋지 못한 인연도 가지고 만났으니 얄밉고 야속하고 괘씸한 생각도 일어나는 것입니다.

그런데 묘한 것은 그 업연이 우리의 의지와는 관계없이 다가선다는 것입니다. 누구나가 좋은 인연 속에서 살기를 바라지만, 홀연히 나쁜 업이 우리 앞을 가로막습니다. 보다 정확히 이야기하면 우리가 이미 맺은 깊은 인연은 반드시 우리와 함께 하게끔 되어 있다는 것입니다.

그러므로 우리는 지금의 인연을 언제나 가꾸며 살아야 합니다. 지금의 가족을 좋은 인연으로 만났든 나쁜 인연으로 만났든 그 인연을 가꾸며 살아야 합니다.

좋은 인연이라고 하여 서로에게 결코 함부로 하여서는 안 됩니다. 가족일수록 서로가 말을 조심하고 행동을 조심하고 생각을 잘 단속해야 합니다. 가까울수록 서로서로 조심하고 아껴서 응어리를 맺는 일이 없도록 해야 합니다.

사람과 사람 사이에서 가장 큰 장애가 되는 것은 서로간의 보이지 않는 매듭이요 내 마음 속의 응어리입니다. 그 매듭을 풀고 그 응어리를 풀면 장애는 사라지고 행복은 저절로 깃들게 됩니다

그렇다면 맺힌 매듭을 풀고 마음 속 깊이 도사리고 있는 응어리를 푸는 방법은 무엇인가? 그것은 바로 참회(懺悔)입니다. '잘못했다' 고 하는 참회입니다.

잘못을 긍정하면 업이 녹는다

그런데 요즈음 사람들은 '잘못했다' 는 말을 하는데 너무나 인색한 듯 합니다. 특히 가까운 사람에게는 이 말을 쓰기를 더욱 꺼려하는 듯합니다.

아무리 허물없고 가까운 사이라 할지라도 잘못하였으면 주저없이 '잘못했습니다', '죄송합니다', '미안합니다' 라고 하십시오. 이 한 마디면 모든 허물이 벗겨지고 서로의 관계가 좋아집니다. 이것이 참회입니다.

그리고 참회는 가까운 데서부터, 가정에서부터 시작되어야 합니다. 그것도 부모가 먼저 시작해야 합니다. 부모가 잘못한 것이 있으면 자식들에게 '잘못했다, 미안하다' 는 말을 주저없이 할 수 있어야 합니다.

사소한 예를 하나 들어봅시다.

퇴근 후 일찍 들어와 아이의 숙제를 거들어 주겠다고 약속했던 아버지가 아이의 양해도 얻지 않고 다른 사람을 만나 늦게 들어갔다고 합시다. 아버지가 어긴 약속을 결코 작은 일로 생각하지 않는 아이는 아버지에게 묻습니다.

"아빠, 왜 오늘 약속을 지키지 않았어요?"

그때 아버지가 전후사정을 설명하지 않고 아버지의 권위로, "이놈아, 시끄럽다"고 한다면 그 아이의 가슴에는 못이 박히고 맙니다. 그리고 그 아이 또한 약속을 지키지 않고도 잘못을 긍정하려 하지 않게 됩니다.

"그래, 아빠가 잘못했구나. 미안하다. 다음부터는 잘 지키마."

이렇게 자식에게 잘못을 쉽게 긍정하는 부모 밑에서 자라는 아이들은 잘못을 저질렀을 때 자연스럽게 '잘못했습니다' 라는 말을 할 수 있게 되는 것입니다.

뿐만이 아닙니다. '잘못했다' 는 이 말은 현재 눈에 보이지 않는 업보까지 능히 녹여줍니다. 상대방 마음속의 응어리를 능히 풀어줍니다.

지난해 봄, 50대 중반의 처사님 한 분이 불교신행연구원으로 전화를 하여 울먹이는 음성으로 마음을 털어놓았습니다.

30대 후반, 1남 2녀를 둔 집안의 가장이었던 그는 돈을 벌기 위해 중동지역으로 갔습니다. 그는 앞날의 행복을 위해 낯선 이국땅에서 3년 동안을 뼈가 빠지도록 일을 하였습니다. 그런데 귀국하고 보니 많은 돈을 저축해 놓았을 줄로 믿었던 아내는 1원 한푼도 수중에 없었습니다. 춤바람과 향락에 빠져 남편이 피땀 흘려 번 돈을 모두 날려버린 것입니다.

화가 치밀 대로 치민 그는 거칠어지기 시작했고, 술을 마시면 욕설과 함께 아내를 구타하였습니다. 결국 견디다 못한 아내는 가출을 하였으며, 그는 힘겹게 1남 2녀를 키우며 살았습니다.

"이제는 큰딸과 아들이 결혼을 하여 막내딸 하나만 데리고 살고 있습니다. 그런데 그 당시 초등학교 2학년이었던 막내딸에게는 부모님의 싸움과 어머니의 가출이 큰 충격이었던지, 그 뒤부터 말도 잘 듣지 않고 지금까지 말썽만 부리고 있습니다. 그러한 막내딸을 생각하면 가슴이 아프기 그지없습니다. 어떻게 좋은 방법이 없을까요?"

이상의 사연을 듣고 그 처사님께 부탁을 드렸습니다.

"오늘부터 하루에 30분씩 관세음보살을 부르면서 기도하십시오. 그리고 기도를 하면서 '아버지가 잘못했다, 진심으로 참회한다'고 하십시오. 그리고 평소에도 그 막내딸에 대한, 큰딸과 아들에 대한, 아내에 대한 잘못했던 기억이 떠오르면 그 이유를 따지지 말고 무조건 참회하십시오. 낮이건 밤이건 잘못했던 기억이 떠오르거든 '그때 내가 잘못했다, 참회한다'는 말을 속으로 세 번씩은 꼭 하십시오."

그 뒤 세 달 가량이 지나자 처사님이 다시 전화를 주셨습니다.

"일러주신 대로 참회를 하였더니 딸아이와의 사이가 아주 좋아졌고, 딸아이도 더 이상 말썽을 부리지 않습니다. 그리고 무엇보다도 '잘못했다, 참회한다'는 말을 하면 할수록 저의 마음이 편안해졌고, 제 마음이 편안해짐에 따라 모든 것이 풀린다는 것을 깨닫게 되었습니다. 정말 감사드립니다."

𝕏

이 처사님처럼, 지난날의 잘못이 떠오르면 무조건

참회하십시오. 참회를 하면 할수록 가족관계는 더욱 원만해집니다.

부부사이, 연인사이, 친구사이도 마찬가지입니다.

부부싸움은 '칼로 물베기'라 하지만, 별 것 아닌 일로 서로 폭력을 휘두르고 며칠 동안 말도 하지 않는 경우도 많습니다. 심지어는 마음 가득 독기를 품고 지난날의 잘못까지를 모두 끄집어내어 감정을 악화시키고, 마침내는 갈라서기까지 합니다. 이 모두가 자기는 잘못이 없다고 생각하고, 상대에게 고개를 숙일 이유가 없다고 생각하기 때문입니다.

진정 중요한 것은 그 순간입니다. 바로 그때 자존심을 버리고 무조건 '잘못했다'고 해보십시오. 이 한마디에 모든 갈등은 눈 녹듯이 사라집니다. 누가 먼저이면 어떻습니까? 나의 잘못이 상대보다 좀 적으면 어떻습니까? 서로 사랑하는 사람끼리….

시비(是非)를 가리는 마음은 사랑이 아닙니다. 진정 사랑하는 사이라면 굳이 감정상의 옳고 그름을 따질 이유가 무엇입니까? 설혹 감정상의 옳고 그름을 가려낸다고 합시다. 그 기준은 어디에 있습니까? 어디까지나 '나'를 기준으로 삼고 있습니다. '나에게 맞으면 옳고, 나에게 맞지 않으면 그릇되다'고 보는 것이 일반적인 관례입니다. 사랑하는 사람끼리 자기의 잣대에 맞추어 감정사건을 키워서야 되겠습니까?

한쪽에서 '내가 잘못했다'고 하면 그것으로 끝날 일인데도 서로 고집을 부리고 자존심을 내세우기 때문에 쉽게 화해가 되지 않는 것이고, 옳고 그름을 따지다 보니 변명과 섭섭한 말이 오고가게 되어 감정이 더욱 꼬이게 되는 것입니다.

부디 진정으로 사랑하고 살려가는 사이답게 서로의 괴로움을 없애주고〔拔苦〕즐거움을 줄 수 있도록〔興樂〕노력해 보십시오. 그리고 사랑하는 사람과 사소한 다툼을 갖게 되면 용기있는 사람답게 먼저 말하십시오.

"내가 잘못했다. 앞으로 잘하자."

틀림없이 서로의 굳었던 마음이 풀려서 사랑은 더욱 커지고 평화로움은 더욱 가득해질 것입니다.

그리고 아직 자존심의 꼭지가 덜 떨어졌거나 용기가 나지 않아 말을 못할 경우라면 마음 속으로라도 참회하십시오.

"내가 잘못했습니다. 잘못했습니다. 잘못했습니다…."

모든 허물이 녹아내리고, 껄끄럽던 관계가 자연스럽게 사라질 것입니다.

보이지 않는 매듭을 풀어라

그런데 우리가 살다보면 아무런 잘못이 없는데도 서로 원만한 관계를 이루지 못하는 경우를 자주 접할 수 있습니다. 그렇다면 이때는 어떻게 해야 하는 것인가? 사람들은 흔히 '상대를 하지 않으면 그만이다', '거래를 안하면 그만이다' 고 합니다. 그것도 문제해결의 방법이 될 수는 있습니다.

그러나 보지 않고 상대하지 않는다고 해도 해결되지 않는 묘한 관계도 많이 있습니다. 한 가지 예를 들어 이에 대해 살펴보도록 합시다.

벌써 30년 전의 일입니다. 청담스님께서 법문을 하실 때 한 편의 이야기를 들려 주었습니다.

당시 청담스님께서 머무셨던 서울 도선사 신도 중, 월남전에 참전하고 돌아온 육군 중령이 있었습니다. 일찍이 결혼 적령기를 놓친 그는 월남에서 돌아온 후, 40세가 넘어 결혼을 했습니다.

그런데 묘한 일이 있었습니다. 낮에는 아내가 그토록 사랑스럽고 아름다운데, 밤만 되면 아내가 무섭고 으시시하기까지 한 것이었습니다. 목숨을 내건 전투에 무수히 참여했던 중령이었지만, 밤만 되면 아내가 무서워 잠자리는커녕 아내가 있는 방에조차 들어갈 수 없었습니다. 매일 밤 아내의 방 주위를 맴돌며 고민을 하던 그는 차츰 야위어갔고, 마침내 청담스님을 찾아가 속사정을 털어 놓았습니다.

"아내와는 과거 전생에 맺은 원결(怨結)이 있는 모양이오. 아내에게 참회하시오."

"어떻게 하면 됩니까?"

"한밤중에 잠자고 있는 아내를 향해 세 번 절하고, 아내 앞에 앉아 관세음보살을 외우면서 '내가 잘못했습니다, 잘못했습니다' 하시오."

청담스님 앞에서는 "예" 하고 돌아왔지만, 그는 도저히 수긍할 수 없었습니다.

'젠장! 잘못한 것도 없는데 마누라한테 절을 하라니. 내가 미쳤나? 안 한다.'

이렇게 스스로 다짐을 했지만, 밤늦도록 잠이 오지

않아 아내의 방문을 열고 살며시 들어갔습니다. 그리고 새근새근 잠자고 있는 아내를 향해 절을 했습니다. 그러나 '잘못했습니다'라는 말을 하려다 왠지 쑥스러워 방을 나와버렸습니다. 이튿날도 그 다음날도 그는 아내의 방으로 들어가서 절을 한두 번씩 꾸뻑꾸뻑 하고 관세음보살을 우물우물 외우다가 쫓기듯이 나왔습니다.

약 10일이 지났을 무렵, 습관적으로 아내의 방으로 가서 절을 하였는데, 문득 말할 수 없는 설움이 복받쳤습니다.

'내 신세가 어쩌다가 이렇게 되었는가? 친구들은 모두 아이 낳고 재미있게 사는데, 병신도 아닌 나는 어찌 이렇게 지내야 하는가?'

그는 눈물이 쑥 빠질 것 같은 심정이 되어 잠자고 있는 아내를 향해 울먹이며 말했습니다.

"여보, 내가 잘못했소. 용서하구려."

그런데 이상한 일이 일어났습니다. 깊은 잠에 빠져 있던 아내가 한숨을 푹 쉬며 답하듯이 잠꼬대를 하는 것이었습니다.

"휴—, 잘못했다니 할 수 없지."

그날 이후 모든 것은 바뀌었습니다. 밤이 되어도 아내가 무섭기는커녕 그렇게 예뻐 보일 수가 없었고, 두 사람은 찰떡궁합을 이루며 아기도 낳고 행복하게 살았다고 합니다.

❧

우리 주위를 살펴보면 이 중령 부부가 겪었던 것과 같은 예상 밖의 인연들이 참으로 많습니다. 결코 좋은 인연이라 할 수 없는 일들이 가까운 사이에서 자주자주 일어나고 있는 것입니다.

실로 보이지 않는 업은 볼 수 있고 느낄 수 있는 업보다 훨씬 큽니다. 다시 한번 말씀드리지만 과거를 한번 머리 속으로 그려보십시오. 부부 또는 부모와 자식이 되는 것은 천생만생(千生萬生)의 깊은 인연이 있기 때문에 맺어지는 것이라고 합니다. 어찌 과거생에 서로가 상처를 주고 얽어맨 일들이 적다고 하겠습니까? 실로 매듭은 가까운 사이에서 더 잘 생겨나는 법입니다.

그러므로 오늘의 인연을 귀하게 생각하고 소중히

가꾸어 나가야 합니다. 만일 가족 사이에, 또는 가까운 사이에 보이지 않는 장애가 있으면 무조건 참회하십시오. 또한 지난날을 돌이켜 보다가 잘못되고 후회스런 일이 떠오르면 간절히 외쳐 보십시오.

"잘못했습니다."

그리고 아침저녁으로 올리는 예불이나 기도 끝에 가족을 떠올리며 꼭 잘못했다고 참회하십시오. 그것도 한 번이 아니라 세 번씩 하십시오.

"여보, 내가 잘못했소."

"아이야, 엄마가 잘못했다."

"어머니, 제가 잘못했습니다."

그 가족이 있는 쪽을 향하여 3배를 올리며 참회하면 더욱 좋습니다.

이렇게 마음을 모아 진심으로 참회하면 저절로 매듭이 풀어지고 원만한 사이가 될 수 있습니다. 부디 참회로써 느낄 수 있는 업장과 눈에 보이지 않는 업장들을 모두 녹여 행복하고 자유로운 삶을 누리기를 간절히 축원드립니다.

Ⅲ. 절을 통한 참회

참회의 '참(懺)'은 범어 크샤마(kṣama)의 음역인 참마(懺摩)를 줄인 말이고, '회(悔)'는 범어 크샤마를 뜻으로 번역한 말입니다.

곧 크샤마는 '용서를 빈다', '뉘우친다', '인(忍)'의 뜻을 지닌 말로서, 오늘날까지 인도에서 '미안하다'고 할 때 '크샤미아탐(kṣamyatām, 내가 범한 죄를 참고 견디어 달라)'이라고 하는 것을 생각하면 참회라는 단어 속에 담긴 뜻을 잘 파악할 수 있습니다.

불교의 참회는 크게 이참(理懺)과 사참(事懺)으로 나뉘어집니다. 이참은 진리와 하나가 되거나 죄업의 실상이 무엇인가를 깨달아 참회를 이루는 것이요, 사참은 과거와 현재에 지은 죄업과 미래에 짓게 될 죄업을 몸과 말과 마음을 쏟아 참회하는 것으로, 일반적으로 '참회를 한다' 고 하면 이 사참을 가리킵니다.

현재 널리 행하여지고 있는 방법으로는 절·염불·경전독송·사경 등을 하면서 참회를 하거나, 참법(懺法)을 기록한 각종 의식문을 읽으며 그 절차에 따라 참회를 하는 것 등이 있습니다. 그러나 무엇보다도 널리 행하여지고 있는 참회법은 예배(禮拜), 곧 절을 통한 참회입니다. 이 장에서는 절을 통한 참회를 집중적으로 살펴보고자 합니다.

절은 '나'를 비우는 참회법

'절은 절하는 곳이기 때문에 절이라고 한다'는 말이 있을 정도로 불교에서는 절을 할 것을 많이 권합니다. 그럼 왜 그토록 절을 할 것을 권하는 것일까? 그 까닭은 모든 죄업의 근본이 되는 '나'를 비우고자 함에 있습니다.

우리는 참회를 할 때 다음과 같은 구절을 많이 외웁니다.

이제까지 제가 지은 모든 악업은
무시 이래 탐심 진심 치심 일으켜
몸과 말과 뜻으로 지었음이라
제가 지금 남김없이 참회합니다

我昔所造諸惡業 아석소조제악업
皆由無始貪嗔癡 개유무시탐진치
從身口意之所生 종신구의지소생
一切我今皆懺悔 일체아금개참회

이 게송을 조금 더 자세히 풀이해 봅시다.

우리의 악업은 지금 이 생에서만 짓는 것이 아니라, 시작도 알 수 없는 아득한 옛날, 무시 이래부터 지어왔다고 하였습니다. 그런데 그 악업의 씨앗은 탐욕과 분노와 어리석음의 삼독심(三毒心)이며, 삼독심에 의해 몸과 말과 생각으로 갖가지 나쁜 업을 지었다는 것입니다.

그렇다면 악업의 씨앗인 삼독심은 어디에서 생겨난 것인가? 바로 '나'에서부터 생겼습니다. '너'와 상대되는 '나'에서부터 모든 문제가 생겨난 것입니다.

주위를 둘러보면 대부분의 사람들은 '나'에 너무나 깊이 빠져 있습니다. '나'에게 맞으면 사랑하고 탐하며, 나에게 맞지 않으면 싫어하고 미워합니다. '나'는 반드시 잘 살아야 하고, '나'는 손해를 보아서는 안 된다는 생각에 사로잡혀 있습니다.

하지만 현실은 다릅니다. 그 소중한 '나'에게 슬픔과 고난과 불행은 수시로 찾아듭니다. 오히려 나의 꿈, 나의 욕심, 나만의 사랑에 사로잡혀 사는 동안에는 행복이 쉽게 찾아들지를 않습니다. 짧은 한 순간의 성취는 있을지언정, 지속적인 행복과 자유는 더욱 멀리 달아나버립니다.

그 까닭이 무엇이겠습니까? '나'라는 생각이 벽이 되어 '나'를 더욱 은밀한 밀실 속으로 가두어버리기 때문입니다. 사방이 벽으로 둘러싸인 밀실같은 공간….

그 공간이야말로 지옥입니다. 벽이 두터우면 두터워질수록 '나' 자신이 자유로이 움직일 수 있는 공간은 좁아집니다. '나'에 대한 집착과 사랑과 이익과 욕심에 깊이 빠져들면, 마침내는 꼼짝도 할 수 없는 무간지옥(無間地獄)에 갇혀버리게 되는 것입니다.

공간이 너무나 좁아 몸을 쉽게 움직일 수조차 없다는 무간지옥! 어찌 이것이 땅 속 깊은 곳의 지옥세계에만 있겠습니까? '나'의 욕심에 사로잡혀 이기적으로 살고 '나'만의 굴레에 갇혀서 살면, 바로 우리가 살고 있는 이곳이 서서히 무간지옥으로 바뀌는 것입니다.

제가 아는 사람 중 맞벌이를 하는 부부가 있습니다. 연애결혼을 한 부부인지라 처음에는 매우 다정하게 살았는데, 아기가 생기고부터는 차츰 달라지기 시작했습니다.

그때부터 남편은 소파에 앉아 TV를 보며 쉬는데, 아내는 밥하고 빨래하고 청소하고 아이들을 돌보는 등 모든 일을 해야만 했습니다. 더욱이 연애할 때는 공주처럼 대하였고 신혼 초까지만 해도 잘 도와주던 남편의 변한 태도에 대한 불만 또한 이만저만이 아니었습니다.

아내는 사소한 일에도 짜증을 부리며 잔소리를 하였고, 처음에는 묵묵히 잔소리를 듣고만 있던 남편도 술만 먹으면 행패를 부리기 시작했습니다. 마침내 그녀는 결혼한지 10년만에 이혼을 결심하기에 이르렀고, 그 사연을 나에게 털어놓았습니다. 나는 마지막 방법을 써본 다음 이혼할 것을 권했습니다.

"아마도 남편은 당신에게 받을 빚이 있는 사람인가 봅니다. 빚을 졌으면 빚을 갚아야지, 헤어진다고 해결이 되겠습니까? 정말 이혼을 하고 싶으면 하루 108배씩 백일기도를 올려 심신을 맑게 한 후에 결정해도 늦지 않을 것입니다."

절을 한지 20여 일 후, 문득 그녀는 남편의 태도에 문제가 있는 것이 아니라 자기의 생각에 문제가 있다는 것을 깨닫게 되었습니다. 자기 내면 속에 짙게 깔린 이기심, 곧 내가 편하고 사랑받고 싶다는 생각이 문제를 일으켜 도와주지 않는 남편을 미워하고 불평을 터뜨렸음을 알게 되었습니다.

그동안 늘 이기심의 안경을 끼고 남편을 보고 남편을 미워했음을 느낀 그녀는 그날부터 108배를 할 때 한 배 한 배마다 '잘못했습니다. 용서하세요' 하며 참회하였고, 그 결과 다시 잉꼬 부부가 되어 잘 살고 있습니다.

❧

이 이야기에서처럼, '나'의 이기심을 곧추세우면 주위가 지옥처럼 변해가고, '나'를 돌아보면서 '나'를 비우면 행복이 제자리를 찾게 됩니다.

우리 불교에서 절을 할 것을 권하는 까닭도 바로

이 '나'에 대한 생각에 사로잡혀 탐욕과 분노와 어리석음의 삼독심을 일으키고, 그 삼독심으로 갖가지 악업을 짓는 '나'를 행복의 자리로 되돌리고자 함에 있습니다. 선종(禪宗)의 큰 조사(祖師)이신 육조 혜능대사(慧能大師)께서는 특히 이를 강조했습니다.

❀

7세에 출가하여 항상 법화경을 외웠다는 법달(法達)스님이 어느날 혜능대사를 찾아와 절을 하였습니다. 그러나 법달스님의 머리가 땅에 닿지 않자 혜능대사께서 물었습니다.

"절을 함에 있어 머리를 땅에 붙이지 않으니 절을 하지 않는 것만도 못하구나. 정녕 네 마음 속에 무엇인가가 있어 그러한 모양인데, 그동안 네가 익혀온 것이 무엇이더냐?"

"예, 법화경을 3천 번 외웠습니다."

"만약 법화경 만 번을 외워 경의 뜻을 모두 알았다고 하자. 네가 그것을 자랑으로 삼지 않으면 나와 더불어 함께 하려니와, 그 일을 스스로 자랑스럽게 여기게 되면 모두가 허물이 될 뿐이다. 너는 그것을 모르는구나."

그리고는 게송을 읊어 법달스님을 깨우쳐 주었습니다.

절을 함은 본래 아만의 콧대를 꺾자는 것
어찌하여 머리가 땅에 닿지를 않는가
나〔我〕가 있으면 곧 죄가 생겨나고
공功을 잊으면 복이 비할 바 없다네

　　禮本折慢幢　예본절만당
　　頭溪不至地　두계부지지
　　有我卽罪生　유아즉죄생
　　亡功福無比　망공복무비

ξ

육조 혜능대사의 가르침 그대로 절은 '나'를 비우는 공부요 참회법입니다.

'저의 가장 위에 있는 머리를 불보살님의 발 아래

대고 절하옵니다.'

　'지극한 마음으로 목숨을 바쳐 절하옵니다〔至心歸
命禮〕.'

　이러한 마음으로 절을 하게 되면 저절로 '나'의 이
기적인 생각들이 비워지게 되고, 탐욕 등 그릇된 생
각들이 비워지면 업장 또한 녹아내려 비할 바 없는
복이 저절로 깃들게 되는 것입니다.
　나아가 '나'를 비우고 절을 하는 사람은 진실로 남
을 위해 봉사할 수 있는 마음을 낼 수 있게 되고, 참
된 봉사를 하면 '나'의 마음이 편안해질 뿐만 아니라
'나'를 대하는 모든 사람의 마음도 편안해질 수 있습
니다.
　이처럼 절을 하면서 참회를 하면 업장소멸의 참회
는 물론이요, 모든 사람을 편안한 세계로 인도하는
대복전인(大福田人), 곧 큰 복밭을 만들어 낼 수 있는
사람이 되는 것입니다.

절, 어떻게 할 것인가

그럼 과거의 죄업을 녹이고 큰 복밭을 이루게 하는 이 절은 과연 어떻게 해야 하는가?

많은 불자들이 절을 하라고 하면 불교식 절의 겉모습인 기본자세를 취하여 나름대로 열심히는 합니다. 그러나 '어떠한 내용물을 담고 절을 하느냐' 고 물으면, 많은 이들이 '하면 좋다고 해서 한다' 는 식의 답을 합니다.

그렇습니다. 하다가 보면 무엇인가를 느낄 수 있게 되고, 그것도 공부가 될 수는 있습니다. 하지만 잘 알고 하느냐 모르고 하느냐에 따라 결과는 하늘과 땅만큼 벌어질 수도 있습니다. 그러므로 절을 할 때는 절을 하는 겉모습뿐만 아니라 훌륭한 내용물을 잘 담을 줄 알아야 합니다.

어떻게 하면 죄업을 녹일 수 있는 훌륭한 내용물을 담을 수 있는가?

일반적으로 불자들이 참회의 절을 할 때는 다음의 세 가지 경우 중 하나를 택하여 행합니다.

① 석가모니불 · 아미타불 · 관세음보살 · 지장보살
   등 여러 불보살 중 한 불보살의 명호를 외우며 절
   을 하거나
② 묵묵히 염주를 돌리며 절을 하거나
③ 정형화된 참회문(예 : 백팔대참회문)을 읽으며 절을
   합니다.

이 가운데 ③ 참회문을 외우며 절을 할 때는 오로
지 그 참회문의 내용을 새기며 행하면 됩니다. '지심
귀명례'를 외칠 때는 '지극한 마음으로 귀명의 절을
올립니다' 하면 되고, '보광불'이라는 부처님의 명
호를 외울 때는 '보광불이시여' 하면 됩니다.
곧 참회하는 중생의 업장을 녹여주겠다고 원을 세
우신 과거 현재의 여러 부처님 명호를 정성껏 외우며
절을 함으로써 그 부처님의 가피력에 의해 참회를 이
루게 되는 것입니다. 그리고 참회문 속의 발원 · 공
양 · 참회 · 회향에 관한 글을 읽을 때는 그 뜻을 잘
새기며 예배를 올리면 됩니다.
실로 참회문을 읽으며 절을 할 때는 그 참회문에

얼마만큼 집중을 잘 하느냐에 따라 가피의 정도가 달라지게 되는 것입니다.

그러나 ① 불보살님 한 분의 명호를 외우며 참회의 절을 하거나, ② 묵묵히 염주를 돌리며 절을 하거나 마냥 절만을 할 때는 다릅니다. 그때는 마음 속의 진참회(眞懺悔)가 함께 이루어져야 합니다.

그럼 어떻게 해야 하는가?

먼저 합장을 합장답게 하십시오. 왜 우리는 절을 할 때 합장을 합니까? 우리의 흩어진 마음을 하나로 모으기 위함입니다. 그러므로 절을 하기에 앞서 부질없는 번뇌망상들을 떨쳐버리고, 합장의 자세를 취하면서 일심을 만들어야 합니다.

그리고 몸을 구부리고 머리를 조아릴 때는 '잘못했습니다' 라고 염하십시오. 참회의 절이므로 잘못을 아뢰는 것은 너무나 당연한 일입니다. 그런데도 '잘못했습니다' 하는 불자들은 예상 외로 적습니다.

많은 불자들이 불교신행연구원으로 연락하여 기도에 대해 문의를 합니다. 그때 저는 기도의 목적이 무엇이며, 어떻게 기원을 하고 있는지를 꼭 되묻습니다. 이에 대해 기도하는 목적은 분명히 이야기하지만, 기도하는 방법에 대해 구체적으로 이야기하는 사람은 드뭅니다. 특히 절을 하는 불자의 경우에는 '무조건 절을 한다'는 분이 많았습니다.

물론 마음을 비울 수만 있다면 무조건 절을 하는 것도 좋습니다. 그러나 참회기도를 하거나 아주 다급한 소원이 있을 때는 절대로 그냥 절을 하여서는 안 됩니다.

참회의 기도를 할 때는 절 한 번에 한 번씩 꼭 '잘못했습니다'라고 염해야 합니다. 합장하여 엎드리면서 '잘못했습니다' 또는 '부처님! 잘못했습니다', '관세음보살님! 잘못했습니다'라고 하여야 합니다. 입으로 불보살의 명호를 외울 때 역시 마음 속으로 '잘못했습니다' 하고 염해야 합니다. 잊어서는 안 됩니다.

한번 생각을 해보십시오. '불보살님께서 나의 잘못을 알아서 다 용서해 주시겠지' 하는 것과 '잘못했다'고 참회를 하는 것과의 차이를…. 듣는 분이 분명히 계시다면 간절히 '잘못했습니다' 하며 절하는 이에게 더 큰 가피를 내릴 것입니다. 그러므로 절 한 번에 한 번씩 꼭 '잘못했습니다' 라는 말을 염해야 합니다.

그리고 엎드렸다가 일어날 때도 아무런 생각없이 일어나서는 안 됩니다.

이 경우에도 '잘못했습니다' 라고 참회를 하거나, '감사합니다', 또는 '저희 가족과 모든 중생들에게 자비와 지혜와 행복이 충만하여지이다' 등의 축원을 하며 몸을 일으켜 세우면 됩니다. 그렇게 꾸준히 하다보면 불보살님께서 은근히 가피를 내리는 명훈가피(冥熏加被)가 언제나 '나' 와 함께 하게 됩니다.

그러나 평소의 일상적인 기도가 아니라, 다급한 일이 생겼거나 큰 원을 세우고 기도를 할 때는 그냥 감사하다거나 일상적인 축원으로 끝내어서는 안 됩니다.

다급한 경우라면 배고픈 아기가 어머니의 젖을 생각하듯이, 큰 병에 걸린 환자가 명의를 찾듯이, 일어날 때 '꼭 ○○○이 이루어지게 하여 주십시오' 하면서 소원을 빌어야 합니다. 그야말로 불보살님께 깊이 깊이 매달려야 합니다. 절 한번에 한 번씩 소원을 간절히 염하여야 합니다.

또한 큰 원을 세우고 기도할 때는 절을 하고 일어나면서 '일대사인연(一大事因緣)을 해결하여 부처가 되겠습니다', '부처님의 법에 맞는 대작불사를 이루겠습니다', '일체만물을 살리는 불자가 되겠습니다' 등과 같이, 스스로가 세운 발원의 내용을 함축성 있게 되뇌어야 합니다.

꼭 명심하십시오. 엎드렸다가 일어설 때는 절을 하는 이의 형편에 따라 축원 또는 소원 또는 발원을 염하면 되지만, 엎드릴 때는 그 누구라도 꼭 '잘못했습니다' 하며 참회를 하도록 해야 합니다. 모든 기도의 시작이 참회요, 참회가 이루어질 때 성취가 뒤따르는 법이니, 꼭 이렇게 하시기를 권하여 봅니다.

절의 횟수

이제 절을 통해 참회를 하고 소원을 이루고자 할 때 얼마만큼의 절을 해야 하는가에 대해 살펴보도록 합시다. 그 절의 횟수는 기도의 내용에 따라 다를 수밖에 없습니다. 먼저 다급한 소원을 이루고자 하는 참회기도나 큰 원을 세우고 절을 할 때의 경우입니다.

죽을 병에 걸렸거나 아주 난처하고 다급한 상황에 처하여 절을 할 때는 앞뒤를 돌아보아서는 안됩니다. 그야말로 몸이 부서질 각오를 하고 절을 해야 합니다. 다리가 아프고 기운이 없어서 못하겠다면 이미 그 기도의 결과는 자명합니다.

최근 우리나라에서 3천배를 많이 시킨 분으로는 청담스님과 성철스님을 꼽고 있습니다. 이 두 분 스님 중 청담스님은 자비심이 아주 짙어 고통받는 이를 보면 함께 눈물을 흘리는 분이셨습니다. 하지만 절을 시킬 때만은 그야말로 '모질게' 권했습니다. 한 예를 들어봅시다.

1965년 여름, 30대의 부인 두 사람이 청담스님을 찾아왔습니다. 한 사람은 도선사의 신도요, 다른 한 사람은 중환자임을 한눈에 알아볼 수 있을 만큼 모습이 말이 아니었습니다. 그녀는 힘없는 음성으로 스님께 말했습니다.

"스님, 저는 이화여대 영문과를 졸업하고 결혼을 하여 남매까지 둔 부유한 가정의 주부입니다. 그동안은 참으로 행복하게 살았습니다. 그런데 2년 전에 발견된 자궁암은 말기에 이르러 아래로 피와 고름을 흘리는데다, 폐병 3기까지 겹쳐 위로는 각혈까지 하고 있습니다. 거기에다 심한 위장병으로 음식도 제대로 먹을 수가 없습니다. 그동안 이름있는 병원을 모두 찾아다니며 입원도 하고 약도 숱하게 복용하였지만 효과가 없었습니다. 이제는 모든 것을 체념하고 죽을 날만 기다리고 있는데, 이 친구가 찾아와 '삼각산 도선사에 참회도량이 있으니 그곳에서 기도를 하면 뭐든지 성취된다'고 하기에 혹시나 하는 희망을 갖고 찾아왔습니다. 스님, 저를 이끌어 주십시오."

불교의 '불' 자도 모르는 이 문외한 여인에게 청담 스님은 생사윤회와 인과응보의 법칙, 일체유심조(一切唯心造)의 법문을 몇 시간에 걸쳐 자상하게 일러주었습니다. 그리고 그녀가 불교의 가르침을 마음으로 받아들일 수 있게 되자 말씀하셨습니다.

"중생의 생사고락(生死苦樂)은 내 마음의 조작입니다. 콩을 심어 콩이 나고 팥을 심어 팥이 나는 것과 같이, 인(因)의 뒤에는 반드시 과(果)가 따릅니다. 모두가 한 마음을 잘못 써 그릇된 씨앗을 심은 결과로 고통을 받을 뿐입니다. 현재 부인이 받고 있는 고통을 타인에게 주려하지 말고 무조건 참회하십시오. 참회만이 그릇된 업을 녹일 수 있습니다."

"스님, 어떻게 참회하면 됩니까?"

"하루 3천배씩, 7일 동안 절을 하십시오. 단, 한 번의 절을 하면서 엎드릴 때는 '부처님, 잘못했습니다' 하고, 일어날 때는 '큰 마음으로 일체만물을 평등하게 아끼고 사랑하는 몸이 되어지이다' 하십시오. 할 수 있겠습니까?"

청담스님께서는 그녀의 병이 이기적인 삶의 결과

라는 것을 꿰뚫어 보시고, '병이 낫게 해주십시오' 가
아니라 '일체만물을 평등하게 아끼고 사랑하는 몸이
되어지이다' 하는 원을 발하도록 한 것입니다.

　그날부터 그녀는 하루 열 번의 절도 못할 몸으로
하루 3천배씩의 7일 참회기도를 지성껏 하였고, 그
결과 불치의 병이 말끔히 낫는 기적을 이루었습니다.

§

　이 이야기에서처럼 특별한 경우에는 특별한 각오
로 참회기도를 하여야 하고, 절의 횟수 또한 보통 때
와는 달리해야 합니다.

　"어차피 죽을 몸이라면 부처님 앞에서 참회를 하다
가 목숨을 마치리라."

　"당장의 내 노력으로는 어쩔 수 없는 현실. 절을 하
면서 모든 것을 부처님께 맡기자."

　이렇게 마지막 각오를 가지고 참회를 해보십시오.
보이지 않던 길이 보이고, 막혀 있던 것이 뚫리게 됩
니다. 신라의 원효대사께서는 말씀하셨습니다.

　"하품의 참회는 땀의 참회요, 중품의 참회는 눈물
의 참회이며, 상품의 참회는 피눈물의 참회이다."

정녕 그러합니다. 매우 다급하고 아주 절실한 문제가 있으면 피눈물을 흘릴 각오를 하고 참회를 해야 합니다.

또 신라의 진표율사께서는 망신참(亡身懺)을 몸소 행하셨고 두루 권하셨습니다. 나를 잊고 나의 몸을 잊을 만큼 간절히 참회하는 망신참을 행할 때 더할 나위없이 좋은 결실이 맺어진다는 것입니다.

정녕 이렇게 참회를 하건대 녹지 않을 죄업이 어디 있겠으며, 죄업이 녹았는데 어찌 고통이 더 이상 계속되겠습니까! 하루 3천배라고 하여 마다할 까닭이 없습니다. 하루 천 배씩 21일, 49일 또한 백일기도를 하지 못할 까닭이 없습니다. 불보살의 가피가 '나'에게 임할 때까지 참회를 하고 또 참회해야 합니다.

부디 다급한 일이 있으면 적당한 참회를 하지 말고, 치열한 참회기도를 하겠다는 각오로 임하시기를 거듭거듭 당부드립니다.

이제 평소의 **참회기도를 할 때의 절하는 횟수**에 대해 살펴봅시다.

직장을 다니는 등의 불자가 일상생활 속에서 꾸준히 행하는 참회기도라면 매일 108배를 하는 것이 좋습니다. 그때는 108염주를 돌리면서 하거나, 자신의 절하는 속도에 맞추어 엎드릴 때 한 번, 일어날 때 한 번, 2×108번의 목탁소리 또는 종소리를 녹음하였다가 매번 녹음기를 틀어놓고 절을 하는 것도 한 방법입니다.

　또한 향 하나를 피워 놓고 그 향이 다 탈 때까지 횟수에 관계없이 지성껏 절하여도 좋습니다.

　혹 매일같이 108번의 절을 하는 것이 '나에게는 시간적으로나 육체적으로 무리' 라고 생각하는 불자가 있다면 하루 한 차례씩, 예불을 드리면서 일곱 번의 절만 하여도 좋습니다. 비록 108번의 절에 비해 일곱 번의 절이 적기는 하지만, 하지 않는 것과 비교하면 엄청난 차이가 있습니다. 또 아무리 적은 횟수의 절일지라도 꾸준히 하게 되면 생활의 태도가 달라질 뿐 아니라, 차츰 쌓이면 원력(願力)이 커져 성취가 가까워지게 됩니다.

　만약 피치못할 일이 생겨 108번의 절을 못할 경우

라면 최소한 3배라도 하십시오. 그리고 3배를 올리면서 염하십시오.

'부처님, 제가 오늘 이러이러한 까닭으로 참회의 절을 하지 못하였나이다. 앞으로는 잘 하겠습니다 (또는, 대신 내일 하겠습니다).'

적어도 스스로 정한 참회의 절을, 해도 좋고 안해도 되는 절처럼 그냥 넘어가지 마십시오. 참회는 하면 좋고 하지 않아도 그만인 것이 아니라, '나'의 진정한 행복을 위하여 행하는 것임을 잊지마시고, 부득이한 경우라면 속으로라도 부처님께 그 까닭을 고하는 습관을 길러야 합니다. 그래야만 그 참회기도의 생명력이 길어집니다.

마지막으로 참회의 절을 하며 우리 불자들이 꼭 새겨야 할 한 가지를 얘기하고자 합니다. 그것은 한 배 한 배 절을 올릴 때마다 살아계신 불보살님께 절을 하는 자세로 임하라는 것입니다. 불상이나 탱화처럼 고정된 모습의 불보살이 아니라, 진짜로 살아숨쉬는 불보살님께서 바로 '나'의 앞에 계신다는 자세로 절을 해야 합니다.

진짜 불보살님께서 지금 우리 앞에 계신다면 과연 '나'는 어떻게 절을 올리겠습니까? 횟수를 채우기 위해 절을 하겠습니까? 흐트러진 자세로 절을 하겠습니까? 한 배를 하든 천 배를 하든 꼭같은 정성으로 절을 할 것입니다.

또 참회를 하는 마음가짐은 어떻겠습니까? 오로지 '잘못했습니다. 이끌어 주옵소서'라고 할 것입니다. 그리고 참회문을 읽을 때도 틀림없이 온 마음을 기울여 읽을 것입니다.

눈앞에 살아숨쉬는 진짜 불보살님이 계시는 듯이 절을 올리고 참회를 할 때의 정성과 마음가짐! 그 정성과 마음가짐이면 법계에 가득 충만되어 계신 불보살님께서 언제나 우리와 함께 하고 우리에게 가피를 내려주십니다. 단 몇 번의 절이라도 이렇게만 한다면 생각보다 훨씬 큰 은혜를 입을 수가 있습니다.

정녕 이것이야말로 참회의 핵심이요 불교를 믿고 실천하는 불자의 근본자세이니, 잘 명심하여 절하고 참회하고 생활하시기를 간절히 청하옵니다.

Ⅳ. 참회염불

염불은 가장 쉬운 참회법

서울에 살았던 이보현행 보살은 결혼 전이나 후에나 부족함이 없는 생활을 해오다가, 40대 후반에 남편을 저 세상으로 먼저 보내고 결혼한 외아들과 함께 생활을 했습니다. 그런데 아들의 몸에마저 이상이 생겼습니다. 처음에는 힘이 없고 얼굴이 하얗게 되더니, 차츰 밥을 먹지 못하고 거동조차 못하는 것이었습니다. 병명은 백혈병이었습니다.

그때만 하여도 재산이 있던 때인지라, 서울의 유명

한 병원과 한의원을 찾아다니며 진찰도 하고 치료도 받았습니다. 그리고 마지막에는 국립중앙의료원에 입원하였으나 병세는 갈수록 악화될 뿐이었습니다. 생명을 연장하는 유일한 방법이 '수혈' 외에는 없었던 것입니다. 마침내 담당의사도 손을 들었습니다.

"이제 그만 퇴원하여 집에서 요양하는 것이 좋겠습니다. 먹고 싶은 것이나 마음껏 드시면서…."

아들을 퇴원시켜 집으로 돌아온 보현행 보살은 외아들을 잃게 된다는 생각에 미칠 것만 같았습니다. 점도 치고 굿도 하고 갖가지 민간요법을 해보았지만 소용이 없었습니다. 또 만나는 사람들에게 실오라기를 잡는 마음으로 아들을 살릴 길이 없느냐고 물었습니다. 그때 어떤 분이 말했습니다.

"절에 한 번 가보시지요."

당시만 하여도 보현행 보살은 불교를 믿지 않고 있었지만, 쌀과 향과 초를 준비하여 서울 안암동의 개운사로 가서 법당에 참배하고 스님께 사연을 이야기했습니다. 스님은 묵묵히 들으신 다음 한참만에 말씀했습니다.

"아들은 살릴 수 있습니다. 그러나 하기가 쉽지는 않을텐데요."

"스님, 아들만 살릴 수 있다면 무엇이든 다 하겠습니다. 방법을 가르쳐 주십시오."

"하루에 세 시간씩 참회기도를 하십시오. 먼저 천수경 1편을 외우고 나머지 시간은 열심히 관세음보살을 외우십시오. 착한 마음을 가지고 계행을 지켜야 하며 고기를 먹지 말고 백일 동안 기도하되, 열흘에 한 번씩 공양을 올리십시오. 이 모두를 집에서 하면 됩니다."

그날부터 보현행 보살은 지성을 다해 참회기도를 시작했습니다. 입으로 끊임없이 관세음보살을 염하며 속으로 기원했습니다.

'관세음보살님, 저희의 모든 잘못을 참회드리옵니다. 대자비로서 아들을 살려주옵소서.'

그런데 묘한 일이 일어났습니다. 한 차례에 두 병씩 피를 수혈해도 열흘을 넘기지 못했던 아들이 쓰러져야 할 때가 되어도 아무런 이상이 없는 것이었습니다. 오히려 차츰 생기가 돌았습니다. 아들도 신기한지 어머니를 따라 염불을 하기 시작했습니다. 한 달 두 달 석 달, 마침내 백일이 다 찼습니다.

그동안 보현행 보살은 여러 가지 상서를 경험했습니다. 꿈에 경찰이 와서 집안에 있는 나쁜 사람을 잡아가기도 하고, 돌벽이 열리면서 한 노인이 나타나 '네 소원이 성취되었다' 며 위로해 주기도 했습니다. 또 버스가 집 앞에 서더니 사람들이 집안의 나쁜 물건을 모두 실어가고 도끼를 든 흉칙한 사나이를 잡아가는 꿈도 꾸었습니다.

백일 참회기도가 끝나자 아들은 잠깐 다녀올 곳이 있다며 아침에 집을 나갔다가 저녁에 돌아왔습니다. 그리고는 환한 얼굴로 말했습니다.

"어머니, 국립중앙의료원에 다녀오는 길입니다. 의사선생님께서는 죽었어야 할 사람이 왔다는 듯이 '이상하다, 이상하다' 하시면서 몇 가지 진찰과 실험을 하셨는데, 병이 완쾌된 듯하다고 하셨습니다. 이틀 정도 더 검사를 해보자고 하시더군요."

3일에 걸친 검사 결과 의사선생님의 진단은 '완쾌!' 였으며, 참으로 이해되지 않는다는 듯이 말했습니다.

"정말 기적이군요. 지금 상태라면 오히려 피 1천그램을 한꺼번에 빼내어도 끄떡없습니다."

그때가 1965년 가을이었습니다. 이후 보현행 보살은 매일 새벽 4시만 되면 염불을 하면서 불보살님께 감사드리고, 불법이 세상에 크게 빛나기를 기원하며 살았습니다.

ℰ

이 이야기의 주인공인 보현행 보살과 아들은 염불참회법을 통하여 불치의 병을 극복하였습니다. 이러한 염불참회법은 불교의 여러 참회법 중에서 누구나 할 수 있는 가장 쉬운 방법입니다. 곧 나무아미타불·석가모니불·약사여래·관세음보살·지장보살 등의 불보살님 중 한 분의 명호를 부르면서 죄업을 녹이는 것이 염불참회법입니다.

어떠한 불보살님의 명호라도 좋습니다. 불보살님 중 한 분의 명호를 택하여 입으로 부르고 생각하며 참회하면 업장이 녹고, 업장이 녹으면 장애와 재난이 소멸되면서 고통의 현실을 벗어날 수 있게 됩니다.

힘들여 절을 많이 하라는 것도 아닙니다. 잘 이해

되지 않는 경전을 외우라는 것도 아닙니다. 전혀 뜻을 알 수 없는 진언이나 다라니를 외우라는 것도 아닙니다.

오직 마음을 모아 불보살의 명호를 외우고 생각하면 틀림없이 업장을 녹여 고난으로부터 해탈하게 된다는 것을 많은 불경들은 한결같이 설하고 있습니다. 특히 『무량수경』 등의 정토왕생을 설한 경전에서는 단 열 번만 '아미타불'을 간절히 생각하며 외우게 되면, 매우 중한 죄를 지은 중생일지라도 극락정토에 태어나 환란으로부터 영원히 구제받을 수 있다고 하였습니다.

인과의 법칙이 명백한 이 법계에서 어떻게 이와 같은 일이 가능한 것일까요?

그 가능성은 중생인 '나'로 인해 생겨난 것이 아닙니다. 바로 불보살님의 근본서원력(根本誓願力), 곧 부처님이나 큰 보살님들이 보살행을 닦아 익힐 때 세운 중생제도의 원(願) 덕분입니다.

어느 불보살님도 중생의 참회를 받아들여 고통을 제거해주고 행복을 안겨주겠다는 원을 세우지 않은 분이 없습니다. 그리고 그 원을 성취하기 위해 갖은 시련을 극복하며 힘을 길렀습니다.

그러한 불보살님의 원력 덕분에 우리는 믿음 속에서 염불을 하고 참회만 하면 됩니다. 불보살의 밝은 이름을 외우며 참회하면 불보살님의 서원력에 의해 모든 죄업이 남김없이 소멸되면서 편안함을 얻게 되는 것입니다.

비석화상(飛錫和尙)의 「염불삼매보왕론」에는 다음과 같은 구절이 있습니다.

"물을 맑히는 구슬인 수청주水淸珠를 탁한 물에 넣으면 아무리 탁한 물이라도 맑아지지 않음이 없는 것처럼, 어지러운 마음에다 염불을 던져 넣으면 아무리 탁한 죄업의 마음이라도 맑아지지 않음이 없느니라."

이 얼마나 명쾌한 가르침입니까? 그러나 '나'의 노력이 없으면 수청주와 같은 가피를 입을 수가 없습니다. 노력 없이 '나' 스스로가 만든 벽 속에 웅크리고 앉아 있으면 불보살님과 통할 수 없습니다. '나' 스스로가 만든 벽이 모든 가피를 차단해버리기 때문입니다.

하지만 참회의 염불을 행하게 되면 불보살님의 근본 원력과 '나'의 원이 하나로 통하게 되어, 불보살님의 큰 가피 속에서 능히 참회를 이룰 수 있고 업장을 소멸시킬 수가 있는 것입니다.

부디 이상과 같은 염불참회의 원리를 잘 새겨 참회를 이루고 해탈하기를 축원드립니다. 이제 참회염불을 하기 전에 준비해야 할 사항과 염불을 하면서 참회하는 방법에 대해 함께 살펴보도록 합시다.

참회염불하는 이가 미리 알아둘 일

참회염불의 방법은 간단합니다. 기본적으로 여러 불보살님 중 스스로가 선택한 한 분의 명호를 입으로 외우면서 그 분을 생각하며 '잘못'을 뉘우치면 됩니다. 그러나 많은 불자들이 기도에 따른 주변 사항에 대해 궁금해하는 경우가 많으므로, 그것부터 먼저 이야기하고자 합니다. 사항별로 나누어 간략히 정리해 봅시다.

① 장소 : 처음 염불참회를 하는 이는 조용한 곳에서 행하여야 합니다. 절에서 염불참회를 할 때는 법당 안에서 하면 족하겠지만, 집에서 행할 때는 방해받지 않을 조용한 공간을 택하십시오. 어떤 이는 처음 기도를 할 때 집도 좁고 가족들도 이해를 해 주지 않아 부엌 또는 목욕탕에서 하였다고 합니다. 물론 나중에는 가족들이 이해하고 동참하여 집안의 가장 좋은 공간에서 기도하게 되었지만….

때로는 '어느 쪽을 향하여 기도를 해야 하는가'를

질문하는 이가 많은데, 가재도구가 많은 집안에서 기도를 위한 별도의 방을 갖거나 아늑한 공간을 찾기가 쉽지 않을 것입니다. 그때는 방에서 넓게 비어있는 공간을 향해 해도 좋고, 거울 앞에 앉아 자신의 얼굴을 보며 행하여도 좋습니다. 산란하지 않은 방향을 택하면 됩니다.

② **대상의 문제** : '집에서 밋밋한 벽을 향해 기도를 하니 신심이 솟지 않는다' 며, 마음을 집중하는 데 도움이 되는 무엇인가를 모셨으면 하는 불자들이 많습니다. 그런데도 집안에 불상 등을 모시면 좋지 않다는 말을 들었다며 선뜻 모시지 못하는 이들이 있습니다.

그러나 조선시대 5백년의 억불정책으로 인해 생겨난 이 나쁜 속설을 올바른 불자들이 따를 필요는 없습니다. 지구상의 모든 불교국가들이 가정에다 불상을 모셔놓고 아침저녁으로 예불을 올리고 있거늘, 유독 우리나라만은 '좋지 않다' 며 거부하고 있습니다. 저를 비롯한 주위의 많은 사람들이 가정에 불상을 모

서서 잘못된 경우를 보지 못하였으니 안심하시고 모
셔 보십시오. 불상을 모신다고 하여 노여워할 불보살
님은 절대로 없습니다.

모실 대상물로서 가장 좋은 것은 조그마한 원불(願
佛)입니다. 그러나 원불을 모시는 것이 용이하지 않
으면 사진도 좋고, 불교 달력에 있는 좋은 상호를 택
하여 붙여 놓아도 됩니다. 또 기도에 도움이 되는 큰
스님의 글씨를 걸어놓고 그 앞에서 기도하는 것도 한
방법입니다.

작은 것에 구애되기보다는, 마음을 잘 모으고 기도
가 잘 되게 하는 쪽으로 방편을 선택하시기 바랍니다.

③ 때 : 마음을 잘 모을 수 있는 때라면 언제라도 좋
지만, 가급적이면 일어나서 씻은 다음의 시간이나 잠
자기 전의 밤중, 주부라면 남편과 자식들이 나가고
난 다음의 오전시간이 좋습니다.

④ 소요시간 : '몇 시간 동안이나 염불참회를 해야
하느냐'는 '어떤 일로 참회를 하느냐'에 따라 달리

잡아야 합니다.

만일 간절한 소원이 있어 업장참회의 염불을 할 경우라면 적어도 아침저녁 2시간은 하여야 하고, 매우 다급하고 힘든 경우라면 하루종일 한다는 각오로 임해야 합니다. 오나가나 앉으나 서나 염불참회를 해야 합니다.

그러나 수행 삼아 참회염불을 하면서 불보살의 은근한 가피를 바라는 경우라면 하루 한 시간 정도로 시간을 정하는 것이 좋습니다. 그리고 여러 가지 일로 시간을 많이 낼 수 없는 이라 할지라도 최소한 30분은 해야 합니다. 긴 향은 한 시간, 보통 향은 30분가량 타므로, 굳이 시계를 볼 필요없이 향으로 시간의 흐름을 측량하면 됩니다.

정녕 참회염불 때 권하고 싶은 것은 하루 만 번씩, 염주알 천 개를 꿰어 만든 천주(千珠)를 열 번 돌리며 염불하는 것입니다. 처음에는 한 시간에 만 번 염불하는 것이 불가능하지만, 빨리 염불하는 것이 익숙해지면 능히 할 수 있습니다.

⑤ 기간 : 또 한 가지, 많은 불자들이 궁금해하는 것은 참회기도의 기간입니다. '얼마 동안이나 하면 업장이 소멸되어 나의 이러한 문제가 풀리겠는가' 하는 것입니다. 그 기간은 경우에 따라 다르며, 『대집경』에는 다음과 같은 가르침이 있습니다.

"혹 하룻밤이나 이레 동안이라도 다른 업을 짓지 말고 지극한 마음으로 염불하여 보라. 조금 염하면 업을 조금 녹이고, 많이 염하면 업을 많이 녹이느니라."

염불참회를 통하여 '얼마나 빨리 업장을 녹이느냐' 하는 것은 참회하는 이의 정성과 업의 두께에 따라 다를 수밖에 없습니다. 그러나 굳이 이야기를 하라면 염불참회의 경우에는 최소기간을 삼칠일(21일)로 잡는 것이 좋고, 보통은 백일기도를 함이 바람직합니다.

그리고 한번 기간을 정하여 업장이 녹지 않을 때는 두 번 세 번 거듭거듭 마음을 모아 행하겠다는 자세를 갖추어야 합니다. 또 깨달음을 이루기 위한 참회기도라면 평생을 할 각오를 해야 합니다.

이렇게 기한을 정하여 꾸준히 염불을 하다 보면 그 날짜가 다 채워지기도 전에 가피를 입는 듯한 징조를 감지하게 되는 경우가 있습니다. 그렇다고 하여 회향일 전에 염불참회를 그만두지 말고, 꾸준히 계속하여 날짜를 채우는 것이 좋습니다.

⑥ 어떤 불보살의 명호를 염할 것인가 : 염불참회를 할 때 불자들이 많이 염하는 불보살님은 아미타불·약사여래·석가모니불·관세음보살·지장보살·문수보살·미륵보살·제대성중·화엄성중 등입니다. 이들 불보살님의 이름이 다르므로 서로의 권능도 다른 듯하지만, '대자비로 중생들을 거두어들인다'는 입장에서 보면 조금도 차이가 없습니다.

아미타불과 관세음보살을 예로 들어봅시다. 아미타불은 내생의 행복만 보장하고 관세음보살은 현생의 행복만 보장하는 것이 아닙니다. 아미타불·관세음보살 할 것 없이 모든 불보살이 염불하는 이의 현생과 내생의 행복을 함께 보장하고 있습니다.

또 관세음보살을 외우면 죽어서 극락에 못 가고 아미타불을 외워야만 극락에 태어나는 것이 아닙니다. 어느 분을 불러도 극락에 태어날 수 있습니다. 문제는 기도하는 '나'가 극락왕생의 원을 세우느냐 세우지 않느냐에 있습니다. 내가 극락왕생의 원을 세우면 아미타불도 관세음보살도 '나'의 원을 따라 이루어 주시기 때문입니다.

그러므로 한 불보살님과 인연을 맺었으면 될 수 있는 한 그 불보살님의 명호를 외움이 좋습니다. 한 분의 명호를 꾸준히 흔들림 없이 외어야 차츰 힘을 많이 모을 수 있기 때문입니다. 따라서 염불을 전혀 해본 경험이 없는 이가 참회기도를 새로 시작하는 경우라면 소원하는 바를 따라 한 분의 불보살님을 선택해야 하겠지만, 염불을 해 본 경험이 있는 이라면 이전에 외웠던 분의 명호를 계속 염하는 것이 바람직합니다.

혹, 일부 불자들 중에는 염불참회를 하다가 쉽게 성취를 보지 못하면, "관세음보살은 나와 인연이 없는가보다. 지장보살을 부르는 것이 더 좋지 않을까?" 하면서 스스로를 흔드는 이가 있습니다. 또 주위의 스님이나 신도가 "당신은 지장보살보다 산신과 인연이 깊다"고 하면 그만 흔들려서 '산왕대신'을 찾는 이도 있습니다.

하지만 이럴 때 흔들려서는 안 됩니다. 오히려 이것이 시련이요 염불참회를 방해하는 마장(魔障)이 될 수 있으므로, 더욱 지조있게 한 분의 불보살을 찾아야 합니다. 바꾸어 말하면 기도성취가 그만큼 가까워졌음을 시사하는 것이므로, 더욱 마음을 모아 염불을 해야 합니다.

정녕 일생에 단 한 번이라도 참회기도를 철저히 하여 그 불보살님의 자비광명 속으로 들어가는 물꼬를 트게 되면 가피가 끊임없이 이어지게 된다는 사실을 잊지 마시기 바랍니다.

⑦ 자세 : 염불참회를 할 때는 무릎을 꿇고 앉든지, 가부좌한 자세로 단정히 앉아 행하여야 합니다. 그러나 바르게 앉을 수 없을 만큼 몸이 좋지 않은 경우라면 벽에 기대거나 누워서 해도 무방합니다.

단, 단정히 앉을 기력이 있다면 꼭 바로 앉아 염불

을 하십시오. 지금 염불하는 까닭이 '나'의 잘못을 녹이는 참회의 기도이기 때문입니다.

⑧ 공양물 : 예상 밖으로 '집에서 기도를 할 때 음식을 차려야 하는가'를 묻는 불자들이 많습니다. 기본적으로 향을 피우는 것으로 족하며, 조금 더 한다면 꽃과 촛불, 정안수까지는 괜찮습니다. 그러나 음식물을 공양하게 되면 잡된 신이 찾아들 수 있으므로 올리지 않는 것이 좋습니다.

그리고 불사(佛事)에 동참한다는 마음으로 형편에 맞게 한 푼씩의 돈을 올렸다가, 절에 갈 때 가지고 가서 보시하는 것도 좋은 방편이 될 수 있습니다.

⑨ 부득이 못하게 될 경우 : 여행이나 특근 등으로 집에서 염불참회를 할 수 없는 경우라면 스스로가 정한 시간만큼 어디서든 하는 것이 좋고, 그것이 어려우면 단 열 번이라도 불보살님의 명호를 외운 다음 사정을 고하여야 합니다.

"오늘은 특별한 사정 때문에 참회염불을 제대로 행하지 못하게 되었습니다. 이 허물을 받아 주시옵소서. 내일은 올바로 잘 하겠습니다."(3번)

그리고 스스로가 세운 원을 염하십시오. 이렇게 하면 한번 하지 않은 것을 핑계삼아 계속하지 않게 되는 허물을 막을 수 있습니다.

참회염불의 방법

이상과 같이 참회염불을 할 준비가 갖추어졌으면 이제 정성을 모아 기도하면 됩니다. 그 방법은 ① 입으로 불보살의 명호를 외우고, ② 불보살을 생각하면서 ③ 마음 속으로 '잘못했습니다'. '~하여지이다' 하는 것으로 모아집니다. 이러한 참회염불의 방법과 요령을 조금 더 상세히 살펴봅시다.

첫째, 불보살님의 명호를 입으로 외울 때의 요령입니다.

가령 '관세음보살'을 외운다고 할 경우, 정해진 법이 따로 있는 것은 아닙니다. 입으로 외우라 했다고 하여 반드시 입 밖으로 큰소리가 나와야 하는 것은 아닙니다. 때로는 크게 할 수도 있고, 때로는 작게 할 수도 있으며, 때로는 혼자만의 속삭임처럼 외울 수도 있습니다. 마음이 답답하거나 다급한 일이 있다면 절을 하면서 크게 외칠 수도 있습니다.

또한 '큰 소리로 염불을 하면 열 가지 공덕이 있

다'는 말을 듣고 일부러 큰 소리로 염불을 하는 불자들도 있습니다. 그러나 공덕의 크고 작음은 마음을 얼마나 잘 모아 참회하고 염불하느냐에 달려 있는 것일 뿐, 소리의 크고 작음과는 별 상관이 없습니다. 오히려 소리를 크게 냄으로써 주위 사람들의 반감을 불러일으키는 경우도 있으므로, 처한 환경에 따라 소리의 강약을 조절하는 것이 좋습니다.

그리고 염불하는 소리는 끊임없이 이어지도록 하는 것이 최상입니다. 남이 듣는 소리로서가 아니라, '나' 속에서 끊임없이 이어져야 합니다. 그렇게 하기 위해서는 다음과 같은 요령을 취하는 것이 좋습니다.

염불을 시작하기 전에 심호흡을 세 번 또는 일곱 번 하십시오. 그리고 아랫배까지 숨을 가득 들이켜 '관―세음―보―살, 관―세음―보―살' 하면서 천천히 시작하되, 다섯 번 정도가 지나면서부터 점점 빨리 부르기 시작하여 마침내는 한번 한번 부르는 '관세음보살' 명호의 앞뒤가 간격이 없을 만큼 빠르게 불러야 합니다.

이때 염불을 하고 있는 사람은 한번 한번 '관세음

보살'을 분명히 염송하지만, 옆에 있는 사람은 무슨 소리인지 알아듣지를 못합니다. 그리고 입만 달싹거릴 뿐, 소리가 거의 밖으로 새어나오지 않게 불러도 무방합니다.

숨을 내쉴 때만 '관세음보살'을 외우는 것이 아니라, 숨을 들이쉴 때도 외어야 합니다. 또한 염불을 하면서 숨을 들이킬 때는 그 기운이 몸 깊숙한 곳까지 들어가도록 해야 합니다. 짧은 호흡이 아니라 긴 호흡을 하면서 염불하라는 것입니다. 이렇게 하면 단 1초도 염불이 끊어지지 않게 됩니다.

또 한 가지, 매우 다급하고 속히 이루어야 할 일이 있어 참회염불을 하는 경우라면, 그 일의 다급함만큼 염불도 열심히 몰아붙여야 합니다.

참으로 애가 타고 '나'의 능력으로는 어찌할 수 없어 애간장이 녹아날 일이 있다면 이것저것 생각할 겨를이 없습니다. 모든 것을 불보살님께 맡기고 배고픈 아기가 어머니를 찾듯이, 갈증으로 신음하는 사람이 물을 찾듯이, 중병을 앓는 이가 용한 의사를 찾듯이, 닭이 알을 품고 있듯이 간절한 마음으로 불보살님의 명호를 불러야 합니다.

밥을 먹을 때도 속으로는 '관세음보살'을 부르고, 뒷간에서 볼 일을 볼 때도 불러야 합니다. 적당하고 형식적인 염불로는 안 됩니다. 지극하게 매달려야 합니다. 진한 땀이 흘러나오고 눈물이 쑥 빠지도록 열심히 염하게 되면, '나'의 힘으로는 어찌할 수 없는 일도 며칠이 지나지 않아 해결을 볼 수 있게 됩니다.

요즈음 이 나라에는 경제대란 때문에 고통을 받고 있는 사람이 매우 많습니다. 하루아침에 직장을 잃고, 재물을 날리고, 가족이 흩어지는 등…. 이렇게 시련이 닥쳐왔을 때 그 당사자는 모든 것을 잃은 듯이 생각합니다. 참으로 고통이 클 것입니다.

그러나 무상(無常)하게 불행이 다가왔듯이, 불행도 때가 되면 무상하게 가버립니다. 이 어려운 고비를 한숨으로 지새지 말고 참회염불로 자리 메꿈을 해보십시오. 조급증을 내지 말고 참회염불을 하십시오. '나는 이제 죽었다' 싶으면 죽을 각오로 염불을 하십시오. 그렇게만 하면 업장이 녹으면서 복이 찾아듭니다.

우리가 살고 있는 이 법계에는 행복의 기운이 가득

충만되어 있습니다. 그 행복의 기운을 '나'의 것으로 만들게 하는 것이 참회요 염불입니다. 오히려 지금의 시련을 '나'의 업장을 녹여 큰 복을 담을 수 있는 기회로 생각하고, 꼭 염불참회를 해보시기를 당부드립니다.

둘째, 불보살을 생각하라 함은 관상(觀想)을 하라는 것입니다.

참회염불을 할 때 불보살을 염(念)하라고 하면, 사람마다 제 나름대로 생각하게 됩니다. 그러나 '염'을 보다 정확히 해석하면 눈으로 보는 것이 아니라 '마음으로 보는 관(觀)'을 하며 생각하라는 것입니다.

간단히 말해 입으로 끊임없이 불보살의 명호를 외우면서, 머리로 그 불보살님의 모습을 떠올려야 합니다. 하지만 불보살님의 모습을 그냥 단순히 그려보는 것이 아니라, '나' 또는 가피를 입었으면 하는 대상이 불보살의 미간백호로부터 뿜어져 나오는 광명을 듬뿍 받고 있는 모습을 떠올려야 합니다.

한 예로서, 어머니가 아들의 대학시험 합격을 위해

관세음보살을 외우며 참회기도를 올린다고 합시다. 이때 어머니는 입으로 끊임없이 관세음보살을 부르면서, 관세음보살님이 미간의 백호에서 뿜어낸 자비광명으로 아들을 비추고 있는 모습을 떠올려야 합니다.

그렇게 하면서 합격을 기원하면 관세음보살의 밝은 가피가 아들에게로 바로 향하게 되어, 아들은 건강하게 공부도 잘 하고 시험에도 능히 합격을 하는 좋은 결실을 맺을 수 있게 되는 것입니다.

특히 가족끼리는 뇌파작용이 어느 누구보다도 강하기 때문에, 이렇게 관상을 하며 염불을 하면 불보살님의 자비광명이 훨씬 빨리 전달됩니다. 실로 밝은 광명을 받게 되면 어둠의 장애가 사라지기 마련이요, 장애가 없으면 뜻대로 이룰 수 있음이 자명한 이치이지 않습니까!

'나'에게 장애가 있거나 이룰 일이 있을 때에도, '나'에게로 불보살님의 자비광명이 쏟아져 내리는 모습을 관하면서 참회염불을 해보십시오. 참으로 불보살님의 무한자비와 불가사의한 힘을 느끼게 될 것입니다.

나는 기도법을 묻는 사람들에게 이 방법을 많이 일러줍니다. 몸이 아픈 사람, 자식 걱정이 많은 사람, 사랑을 갈구하는 사람, 직장을 얻고자 하는 사람, 돈 때문에 고민하는 사람 등…. 그런데 묘하게도 이와 같은 방법으로 기도를 하였더니 소원대로 되었다는 분들이 많았습니다.

왜 이렇게 기도를 하면 가피를 빨리 입게 되는 것일까?

바로 집중이 잘 되기 때문입니다. '불보살'의 자비광명이 가피를 입을 대상에게로 향하도록 하고 입으로 '불보살'의 명호를 끊임없이 부르면, '보살'과 '불보살'을 부르는 '나'와 '가피를 입을 자 또는 일'이 하나를 이루게 됩니다. 곧 삼위일체가 되는 것입니다. 자연 단순히 명호만 외우는 염불보다 마음이 훨씬 잘 모여지게 되어있는 것입니다.

모름지기 집중이 잘 되면 마음이 고요해지고, 마음이 고요해지면 맑아지고, 맑아지면 밝아져서 마침내 지혜의 빛이 뿜어져 나오게 됩니다. 그때가 되면 녹아내리지 않을 업장이 어디에 있고 이루지 못할 기도가 어디에 있겠습니까?

한 가지 당부를 드리고 싶은 것은, 이렇게 관상을 할 때 눈을 뜨고 관하는 습관을 들이라는 것입니다.

관상을 할 때 눈을 뜨고 있으면 생각이 자꾸 흩어지는 것 같고, 눈을 감으면 마음이 잘 가다듬어지는 것 같이 느껴집니다. 물론 초기에는 그러합니다. 그렇지만 며칠을 지나서 보면 눈을 감을수록 번뇌가 더 많아지는 것을 알 수 있게 됩니다. 잘 명심하셔서 눈을 뜬 채로 불보살님을 관상하시기 바랍니다.

셋째, 마음 속으로 '잘못했습니다' 라고 합니다.

참회의 염불을 할 때는 항상 '잘못했다' 는 마음가짐이 지속되어야 함이 원칙입니다. 그러므로 불보살님의 명호를 부르고 관상하면서, 마음 속으로는 '잘못했습니다, 관세음보살님', '잘못했습니다, 부처님' 등의 속삭임이 끊임없이 이어져야 합니다.

그리고 소원이 있으면 '불보살님께서 알아서 해주겠지' 하지 말고, 함축성 있는 발원의 구절을 만들어봄이 좋습니다. 이 경우, '나' 의 이기적인 욕심만 풀어놓지 말고 자리이타(自利利他)가 될 수 있는 원을 발하여야 합니다. 예를 들어보겠습니다.

"부처님, 잘못했습니다. 꼭 저의 ○○한 소원이 이루어지게 하옵고, 모든 중생에게 불보살님의 자비와 지혜와 행복의 빛이 충만하여지이다."

"잘못했습니다, 관세음보살님. 모든 이를 살리는 이 몸이 되겠나이다. 일체 재앙이 티끌로 화하고 소원이 성취되어지이다."

이렇게 무조건 잘못을 참회하고 나와 남을 함께 이롭게 하는 자리이타의 원을 발하여 보십시오. 모든 업장을 만들었던 이기심이 스르르 무너지면서 가피를 입음은 물론이요, 참회염불을 통하여 새롭게 태어날 수 있습니다.

가장 쉬운 참회법인 염불참법!

부디 이 참회염불을 잘 행하여 모든 불자들이 불보살의 가피를 입고, 자비와 지혜와 행복이 충만된 삶을 살 수 있게 되기를 축원하여 마지 않습니다.

나무마하반야바라밀.

Ⅴ. 참회행자의 마음가짐

마음가짐이 중요하다

이제 몇 가지 이야기를 통하여 참회행법을 닦는 불자의 마음가짐에 대해 살펴보고자 합니다.

요즈음, 많은 불자들이 참회기도를 하고 있습니다. 참회를 통하여 보다 나은 삶의 길을 열고 행복을 얻기 위해 참회하고 기도를 합니다.

그런데 기도인들 중 일부는 오히려 거꾸로 된 참회를 하는 이들이 있습니다.

얼마 전, 불교신행연구원 회원들은 남해의 이름있는 기도처를 찾아갔습니다. 마침 법당에는 10여 명의 불자들이 기도를 하고 있었고, 사람이 적어서였던지 그들은 방석을 두 장씩 세 장씩 깔고 있었습니다.

당연히 새 사람이 오면 한 장의 방석만 사용하고 나머지는 양보를 하는 것이 참회기도를 하는 이들의 마음가짐일텐데, 기도에 워낙 열중하고 있었음인지 방석을 내어주는 사람은 눈에 띄지 않았습니다. 그로 인해 많은 회원들은 방석 없는 마루바닥에서 그냥 절을 해야 했습니다.

약 30분이 지나자 불전 앞의 아주 좋은 자리에서 기도를 하던 이가 화장실을 가기 위해서인지 잠시 법당 밖으로 나갔고, 그 사이에 방석 없이 절을 하고 있었던 한 사람이 그 사람의 방석 한 장을 빼내어 깔고 절을 했습니다. 그런데 밖에 갔다 온 이가 자신이 깔고 있던 세 장의 방석 중 한 장이 없어진 것을 발견하고 소리쳤습니다.

"누가 내 방석을 가져간거야!"

그리고는 몇 분 동안이나 욕하고 투덜거리기를 그치지 않았습니다.

❧

참회하는 이의 자세가 이래서는 안 된다는 것은 누구나 알 것입니다. 그러나 복잡한 기도처에서는 이러한 경우를 쉽게 발견할 수 있습니다.

그 방석이 누구의 것입니까? 그 법당을 이용하는 모든 이들의 것입니다. 그런데도 자기만의 것인양 사용을 합니다. 자리도 한 번 차지하면 끝까지 '내 자리'로 생각합니다.

기도를 마친 후 대중방으로 자리를 옮기면 더한 모습이 전개됩니다. 좋은 잠자리 다툼부터 시작하여 세속에서 있었던 이상야릇한 잡담 나누기, 스님들의 나쁜 소문 등, 자신의 공부와는 전혀 관계없는 이야기가 무성합니다. 몇 분 전, 그토록 열심히 기도했던 불자들의 입에서 거침없이 잡된 말들이 쏟아져 나옵니다.

법당에서는 간절히 참회기도를 하고 대중방에서는 구업(口業)을 짓는 불자, '나'의 방석과 '나'의 자리를 고집하며 기도하는 불자를 부처님은 어떻게 생각하시겠습니까?

그와 같은 마음가짐으로 기도를 하는 이상에는 업장참회가 결코 용이하지 않다는 것을 그 분들도 다 알 것입니다. 행복도 새로운 삶의 길도 열리지 않는다는 것을 알 것입니다. '나'의 이기심으로 짓고 쌓은 죄업을 참회하기 위해 기도하는 불자가 도리어 이기적으로 기도하고 있으니, 어찌 업장이 녹아내릴 수 있겠습니까?

참회는 이와 같은 이기적인 마음을 바꾸는 데서부터 시작됩니다. 방석을 양보하고 신발을 정리해주고 부엌일을 거들며, 조금 불편하더라도 자리를 나누어 함께 기도하고자 하는 그 마음가짐이 모든 허물을 녹인다는 것을 꼭 명심하십시오.

그리고 참회행자들이 쉽게 망각하는 것은 조그마한 허물에 대한 참회입니다.

대부분의 사람들은 크게 잘못한 행동에 대해서는 금방 참회를 하면서도, 조그마한 허물들은 쉽게 무시를 해버립니다. 그러나 '작은 불씨가 초가 삼간을 태운다'는 말이 있듯이, 조그마한 허물을 소홀히 하고 계속 방치하여서는 안 됩니다.

서로 이웃집에 사는 두 여인이 있었고, 그들은 마을 뒷산의 절에 언제나 함께 다녔습니다. 그들 중 한 여인은 젊었을 때 남편을 바꾼 일에 대해 괴로워하여 스스로를 큰 죄인으로 여기고 있었고, 또 한 여인은 살아오면서 큰 죄를 지은 일이 없어 사뭇 당당하기만 했습니다. 이를 파악한 스님이 어느날 두 여인을 불러 말했습니다.

"지금 마당에 나가서서 이쪽 보살님은 큰 돌 하나를, 저쪽 보살님은 작은 돌 여러 개를 가져오십시오."

두 여인이 돌을 주워오자 스님은 다시 말했습니다.

"번거로우시겠지만 두 분께서는 방금 가지고 온 돌을 원래의 자리로 갖다놓으십시오."

큰 돌을 들고 왔던 여인은 쉽게 제자리에 갖다놓았지만, 여러 개의 작은 돌을 주워왔던 여인은 원래의 자리를 일일이 기억해낼 수가 없었습니다.

"죄라는 것도 이와 마찬가지입니다. 크고 무거운 돌은 어디에서 가져왔는지를 분명히 기억할 수 있어 제자리로 갖다 놓기가 쉽지만, 작은 많은 돌들은 원래의 자리를 알기 어려우므로 도로 갖다놓기가 어렵습니다. 큰 돌을 들고 오신 보살님은 한때 저지른 큰 잘못을 마음에 새겨 늘 참회하며 살아왔습니다. 그만하면 되었으니 이제 지난 잘못에 대한 짐을 내려놓으십시오. 하지만 작은 돌을 주워오신 보살님은 살아오면서 지은 작고 가벼운 죄들을 모두 잊은 채 뉘우침 없는 나날을 보내고 있습니다. 지금부터라도 작은 허물에 대해 참회하셔야 합니다."

ɕ

이 이야기에서처럼 큰 허물은 참회할 길이 분명하지만, 조그마한 허물들은 기억조차 잘 되지 않습니다. 잘 기억할 수 없으니 어찌 참회를 할 생각을 하겠습니까?

그러나 작은 허물이 많이 쌓이면 그 과보 또한 만만치 않습니다. 한 방울씩 떨어지는 물이 비록 작다고는 하지만 얼마 지나지 않아 큰 그릇에 차듯이, 작은 허물도 모이면 무서운 결과를 초래합니다.

그러므로 우리는 작은 허물들을 소홀히 하지 않고 매일매일 참회하는 것을 잊어서는 안 됩니다. 아침저녁으로 예불을 올릴 때나 소원 성취를 위한 기도를 올릴 때, 심지어는 영가천도의 기도를 할 때에도 참회의 축원을 곁들여야 합니다.

"잘못했습니다. 알게 모르게 지은 저의 모든 허물을 참회합니다."

참회를 통하여 업장들을 그때그때, 그날그날 녹여야 합니다. 그리고 이렇게 참회가 생활화되면 참으로 편안한 마음으로 살 수 있게 되고, 마음이 평화로워지면 행복과 일의 성취가 저절로 뒤따르게 됩니다.

참회행자의 축원과 자비심

한 걸음 더 나아가 참회를 하는 우리는 다른 이의 행복을 축원해주는 자세를 갖추어야 하고, 자비심을 더욱더욱 키워가야 합니다. 왜냐하면 다른 이를 향한 축원과 자비심이야말로 잘못된 인연의 매듭을 풀고 자타를 함께 성취시키며, 이 세상을 불국토로 만드는 원동력이 되기 때문입니다. 한 예를 들겠습니다.

❀

대구 검사동에 사는 도점순보살은 직업군인의 아내입니다. 남편은 평소에 낚시를 좋아하였고, 불자인 도보살은 고기를 취미삼아 살생하는 낚시를 그만두라며 말렸습니다. 부부는 그 문제로 툭하면 다투었지만 남편은 막무가내였습니다.

그러다가 남편의 위장에 이상이 발생하였고, 마침내는 속이 쓰려 잠도 제대로 잘 수 없는 처지가 되고 말았습니다. 종합병원을 찾아가 내시경을 비롯한 모든 검사를 해보았지만 별다른 이상이 발견되지 않았습니다. 뚜렷한 병이 없다는데 아프다고 하니 더욱 기가 막힐 노릇이었습니다.

마음이 약해진 도보살은 무당과 점쟁이를 찾아다녔고, 그들이 하자는 대로 해보았지만 효과는 전혀 나타나지 않았습니다. 그러다가 영천의 충효사에 계신 해공스님의 지도를 받아 기도를 시작했고, 남편 또한 지난날의 잘못된 생활태도를 참회하면서 낚시 도구를 모두 내다 버렸습니다.

처음 얼마동안은 '남편이 하루빨리 병마에서 벗어날 수 있게 해주십사' 하고만 기도하였는데, 차츰 시간이 지나자 과거의 죄업을 참회하는 일이 더욱 중요하다는 생각이 들어, '알게 모르게 지은 모든 죄를 참회한다' 는 축원을 곁들였습니다. 조금 더 지나자 다른 사람들을 축원해주는 여유까지 생겼습니다.

충효사를 찾아가 기도를 하고 있던 어느날, 부산에서 온 부부가 아기를 갖지 못해 애를 태우며 기도를 하는 것을 보고 보살은 자기 일처럼 축원을 했습니다.

"지장보살님, 신심 깊은 저 부부의 소원을 꼭 들어주십시오."

이렇게 도보살이 남편뿐만 아니라 남을 위해 참회 기도를 한 지 4개월만에 남편의 병은 씻은 듯이 나아 버렸습니다. 도보살이 그 기쁜 소식을 알리기 위해 충효사로 달려갔을 때, 또 하나의 기쁜 일이 기다리고 있었습니다. 자기가 기도해 준 그 부부도 임신을 하였다는 것이었습니다.

도점순 보살님은 그 후로도 모든 중생들이 하루빨리 악업에서 벗어나기를 축원하며 참회기도를 계속하고 있습니다.

ह

이 보살님처럼, 참회행자는 자신의 소원성취를 위한 참회에만 몰두하지 말고 다른 이의 행복을 위한 축원을 아끼지 말아야 합니다. 법당에서 기도를 할 때면, '여기 모인 대중 모두가 부처님의 가피를 입어 소원을 성취하여지이다' 라는 축원을 해줄 수 있어야 합니다.

'나' 만이 가피를 입는 것이 아니라, 모든 이들에게 가피가 임하도록 기원하는 마음가짐을 가질 때 '나' 의 참회도 빨리 이루어집니다.

가령, 내가 지금 교도소에 있다고 하면 '저를 비롯하여 이곳에 있는 모든 이들의 업장을 녹여주시어 한시바삐 이곳에서 벗어나게 하옵시고, 부처님의 정법 아래 지혜롭고 행복하게 살아갈 수 있도록 하여지이다' 라는 축원을 하여야 합니다.

또 병원에 있다면, '이곳의 모든 환자들이 하루빨리 쾌유될 수 있도록 자비의 빛을 내려주옵소서'. 어린이집을 찾아갔으면 그 불쌍한 어린이를 위해 축원을 해주어야 하고, 양로원을 찾아갔으면 그 노인들의 편안한 노후를 축원해주어야 합니다.

이렇게 '나' 만이 아닌 다른 사람을 위한 축원을 생활화하게 되면, 내가 업장을 짓고 쌓도록 만든 근본 이기심이 차츰 사라지게 되고, 이기심이 사라지면 업장이 저절로 녹게 됩니다.

그리고 내가 축원을 하는 그곳에는 불보살의 자비광명이 충만하게 되고, 좋은 기운들이 모여 좋은 일들이 생겨나게 됩니다.

남의 행복을 위한 한 마디의 짧은 축원! 정녕 이것이 어려운 일입니까? 결코 아닙니다. 마음의 문이 닫

혀있기 때문에 하지 못할 뿐입니다. 그렇지만 이렇게 축원을 할 수 있고 하지 못하는 마음가짐의 결과, 축원을 하고 하지 않는 결과는 하늘과 땅만큼의 차이가 있습니다.

꼭 '나'의 참회를 할 때는 주위의 사람들과 일체 중생의 행복을 축원해 주십시오. 이러한 축원은 많은 시간 동안 하지 않아도 됩니다. 기도할 때마다 '나'의 축원 끝에 곁들여 한 차례씩 세 번만 염하면 됩니다. 이러한 축원이 '나'의 그릇된 인연의 매듭을 풀고 업장을 녹이며, 우리들 주위를 바꾸고 이 세상을 바꾼다는 것을 명심하시고, 꼭 축원을 해주시기를 간절히 당부드립니다.

이제 자비심의 큰 힘에 대해 살펴보도록 합시다.

신라시대에 경상남도 창원 땅에서 태어난 노힐부득과 달달박박은 친구 사이로, 20세의 나이에 함께 출가하였습니다. 그리고 세월이 흘러 이 두 분 스님은 백월산(白月山)에다 남암과 북암을 짓고 은거하여 노힐부득은 미륵불을, 달달박박은 아미타불을 염불하였습니다.

수 년이 흐른 성덕왕 8년(709년)의 사월초파일 저녁, 길을 잃었다는 아름다운 여인이 달달박박의 토굴로 찾아와 하룻밤만 재워줄 것을 간청하였습니다.

"사찰은 청정함을 근본으로 삼는 곳이므로 여인을 가까이해서는 안 됩니다. 지체하지 말고 가시오."

달달박박은 차갑게 말을 내뱉고 문을 닫았습니다. 그러자 여인은 미륵불을 염불하는 남암의 노힐부득을 찾아갔습니다. 그때 노힐부득은 말했습니다.

"이 땅은 부녀자가 머물 곳이 아닙니다. 그러나 중생의 뜻에 따르는 것 또한 보살행의 하나요, 더욱이 깊은 산중에서 깜깜한 밤을 맞았으니 어찌 소홀히 대접할 수 있겠습니까?"

노힐부득은 자비심으로 여인을 맞아들여 쉬게 하고 밤을 새워 염불을 계속하였으며, 새벽녘에 여인이 산고(産苦)를 호소하자 이를 보살펴준 뒤 목욕물을 데워 여인과 아기를 목욕시켰습니다. 그 순간 탕 속의 물은 향기를 진하게 풍기면서 금액(金液)으로 변하였습니다. 그때 낭자가 청했습니다.

"스님께서도 이 속에 들어가 목욕을 하시지요."

여인의 음성에는 거부할 수 없는 힘이 서려 있어 그 말을 따랐습니다. 목욕을 하고 나자 노힐부득은 갑자기 정신이 상쾌해지고 살결이 금빛으로 바뀌면서 미륵불로 변신하였습니다. 그리고 옆을 돌아보니 연화대가 있었습니다. 여인은 노힐부득에게 연화대 위에 앉을 것을 권한 다음 말했습니다.

"나는 관세음보살로, 스님을 도와 대도(大道)를 이루게 한 것입니다."

그날 아침, 달달박박이 노힐부득의 처소로 갔을 때 노힐부득은 연화대에 앉아 광명을 발하고 있었습니다. 그 까닭을 묻자 노힐부득은 관세음보살이 화현한 여인을 만나 이렇게 되었다고 하고, 금빛 몸으로 변하는 방법을 가르쳐 주었습니다. 이에 달달박박도 목욕을 하여 아미타불이 되었으며, 두 사람은 소식을 듣고 찾아온 마을사람들을 위하여 설법한 뒤 구름을 타고 사라졌다고 합니다.

ξ

『삼국유사』에 기록되어 있는 이들 두 분 스님의 이야기에서 무엇을 느낄 수 있습니까?

이름 그대로 딱딱하기 그지없는 달달박박은 철두철미하게 염불수행을 하고 있었지만, 자비심이 부족하여 관세음보살의 시험에서 탈락되었습니다. 그러나 노힐부득은 달랐습니다. 자비심으로 여인을 맞이하여 쉬도록 하였을 뿐 아니라, 아기를 받고 씻기는 뒷바라지까지 기꺼이 하였습니다.

그 결과 노힐부득은 금빛 찬란한 미륵불로 변신하였습니다. 그리고 아침에 찾아온 달달박박에게도 그 비결을 일러주어, 달달박박 또한 아미타불의 몸을 이룰 수 있도록 하였습니다.

원효대사를 비롯한 옛 고승들은 미륵불보다는 아미타불을 염할 것을 많이 권하였습니다. 아미타불을 염하면 미륵불을 염하는 것보다 열 가지 수승한 공덕이 있다고 하여 그렇게 권한 것입니다. 그런데 노힐부득과 달달박박은 반대가 되고 말았습니다. 왜 미륵불을 외운 노힐부득이 먼저 대도를 이룬 것인가?

그것은 자비심 때문입니다. 그리고 그 자비심 덕에

달달박박도 금빛의 아미타불로 변신할 수 있었던 것입니다.

이토록 자비심은 모든 것을 바꾸어 놓는 큰 힘을 지니고 있습니다. 죄업 때문에 그릇되이 흘러가고 있는 '나'의 삶을 되돌릴 수 있는 힘이 있을 뿐 아니라 주위의 삶까지도 바꾸어 놓습니다.

그러므로 참회행자는 자비심을 품고 살아야 합니다. '나'만의 해탈을 구하는 참회가 아니라, 뭇 생명 있는 이들을 살리는 자비참회를 이루어야 합니다. 이렇게 자비참회를 행하면, 그 결과는 지금의 고통에서 구원을 받는 수준이 아니라 큰 깨달음을 이루는 해탈로 이어지게 됩니다. '자비무적(慈悲無敵)'이라는 말이 있듯이, 자비심 앞에서는 죄업이라는 무서운 장애도 맥을 쓰지 못합니다.

'내 코가 석 자인데 자비심은 무슨 자비심!'

만약 이러한 마음을 품고 살면 업장은 '나'를 더욱 옥죄입니다. 얼마만한 자비심을 갖느냐에 따라 '나'의 인생 활로도 달라지느니만큼, 꼭 자비심을 품고 참회기도를 하시기 바랍니다.

참회행의 실천

이제 참회행에 관한 한 편의 이야기를 함께 음미하면서 이 장에 대한 끝맺음을 하겠습니다.

사무라이의 아들이었던 선해(禪海)는 에도(지금의 동경)로 가서 고관집의 가신(家臣)이 되었습니다. 그러나 고관 부인의 유혹에 빠져 사랑을 나누었고, 그 사실이 고관에게 발각되자 어쩔 수 없이 그를 죽이고 여인과 함께 도망을 쳤습니다.

도망자의 삶은 순탄한 것이 아니었지만, 줄어들 줄 모르는 여인의 탐욕심 때문에 도둑으로까지 전락하고 말았습니다. 마침내 여인의 탐욕에 혐오감을 느낀 선해는 홀로 후쿠오카 지역으로 가서 탁발승이 되었습니다.

선해스님은 남은 생애 동안 과거를 속죄할 수 있는 일을 찾아 완수하겠다는 원을 세웠습니다. 그와 같은 일을 찾던 어느날, 위험한 절벽길을 지나가다가 앞의 사람이 떨어져 죽는 것을 발견하고, 산을 꿰뚫는 터널을 만들 결심을 했습니다.

'아무리 힘들지라도 꼭 터널을 뚫어, 절벽 길을 가다가 죽거나 다치는 사람이 없도록 하리라.'

선해스님은 잠깐 음식을 구걸하러 가는 시간을 빼고 밤낮없이 굴을 파 나갔습니다. 그렇게 30년이 지났을 때 폭 6m에 길이 690m나 되는 터널을 완성할 수 있었습니다.

그런데 터널이 완성되기 2년을 앞둔 어느날, 자신이 살해한 고관의 아들이 무술을 익혀 아버지의 원수를 갚겠다며 선해스님 앞에 나타났습니다. 결투를 신청하는 그 아들에게 스님은 지극히 평온한 얼굴로 부탁했습니다.

"내 목숨을 기꺼이 당신에게 주리다. 그러나 지금 내가 하는 이 일을 마칠 때까지만 기다려 줄 수는 없겠소?"

고관의 아들은 그 날을 기다렸고, 선해스님은 끊임없이 굴 파는 일을 계속했습니다. 몇 달 후 고관의 아들은 하는 일 없이 감시만 하고 지내기에 지쳐 굴 파는 일을 돕기 시작했습니다. 그렇게 1년 이상을 함께 굴을 파면서, 그는 선해스님의 굳건한 원력과 진실한 성품을 깊이 존경하게 되었습니다.

마침내 터널이 완성되어 사람들이 안전하게 다닐 수 있게 되었을 때 선해스님은 무릎을 꿇고 말했습니다.

"이제 나의 목을 자르시오. 나의 할 일은 끝났소."

"어떻게 제가 스승의 목을 자를 수 있겠습니까?"

젊은이는 눈물을 흘리며 스님을 부축해 일으켰습니다.

❧

이 얼마나 거룩한 참회행(懺悔行)입니까? 선해스님의 성실한 참회행으로 모든 이들이 안심하고 다닐 수 있는 긴 터널이 완성되었고, 하늘 아래 함께 할 수 없는 원수의 관계가 스승과 제자의 관계로 바뀌었습니다.

정녕 우리가 참회행자의 길을 걷고 있다면, 생활 속에서 형편따라 능력따라 참회의 선행을 짓고 살아야 합니다.

불보살님께 절을 하고 기도를 하는 것만을 참회로 보아서는 안 됩니다. 한 마디의 축원과 따스한 마음가짐, 남의 불안을 없애주고 편안하게 해주는 것, 기쁨과 웃음을 주는 것, 정성껏 사람들을 돕고 보시를 하는 것 또한 훌륭한 참회법이라는 사실을 잊지 마시기 바랍니다.

부디 모든 불자들이 진참회(眞懺悔)를 이루어, 업의 결박에서 벗어난 대자유·대행복의 삶을 살 수 있게 되기를 축원드리옵니다.

Ⅵ. 이참법과 대승육정참회

앞의 장에서는 불교의 2대 참회법 중 실제로 저지른 죄업을 참회하는 사참법(事懺法)에 대해 논하였습니다.

여기에서는 이참법(理懺法)에 대해 간략히 살펴본 다음, 원효대사의 『대승육정참회』라는 글을 통하여 대해탈의 경지로 나아가는 참회법을 함께 살펴보고자 합니다.

이참법理懺法

　이참(理懺)은 이치, 달리 말하면 진리에 입각한 참회법입니다. 곧 죄업의 진정한 모습이 어떠한 것인가를 관찰하여 참회를 이룬다고 하여, 달리 관찰실상참회(觀察實相懺悔)라고 합니다. 이 이참법은 대승불교의 핵심사상에 의해 만들어진 아주 심오한 참회법입니다.

　대승불교의 유식학파(唯識學派) 사상가들은 '오직 마음뿐〔唯識, 唯心〕' 이라는 말을 많이 하였습니다. 그들은 과거와 현재에 지은 모든 죄업이 모두 마음에서 일어난 것일 뿐, 마음 밖에서 생겨난 것은 하나도 없다고 주장하고 있습니다.

　이러한 유식의 입장에다 반야(般若)의 공사상(空思想)을 더하여, 우리의 근본 마음자리가 어디에서나 어느 때에나 '때묻지 않고 고요히 비어있는 것〔空寂〕' 임을 알게 되면 그 어떠한 죄업도 자취를 잃게 됩니다. 곧 본래의 마음자리에서 보면 죄업 또한 공적(空寂)에 불과하다는 것입니다.

이와 같은 입장에서 본래의 마음자리로 돌아가 죄업의 참모습을 관찰하여 참회를 이루는 것을 이참이라고 합니다.

진정 죄라는 것은 어디서 생겨나는 것입니까? 오직 중생의 번뇌망상에서 생겨난 것입니다. 죄는 고유한 본성〔自性〕이 없습니다. 고유한 본성이 없기 때문에 번뇌망상을 따라 생겨나는 것입니다.

따라서 마음의 번뇌망상이 없어지면 죄 또한 없어집니다.

본래의 마음자리가 '고요히 비어있음'을 관하게 되면 죄 또한 남아있을 수가 없습니다. 이렇게 죄업의 본성이 '본래무생(本來無生)' 임을 관찰하면 이참, 곧 진짜 참회가 이루어지는 것입니다. 그 예를 하나 들어봅시다.

❀

석가모니부처님 당시, 두 비구가 깊은 산 속에서 수행을 하고 있었습니다. 어느 날 한 비구의 누이동생이 오빠를 찾아왔을 때, 마침 오빠는 출타를 하고 다른 한 비구만이 암자를 지키고 있었습니다.

평소 그 비구를 남몰래 사모하였던 누이는 그 절호의 기회를 이용하여 한껏 유혹함으로써 그 비구를 파계시켰습니다. 모든 것이 끝난 다음 자신이 파계승이 된 것을 깨달은 비구는 통곡을 하였고, 여인은 살그머니 도망을 쳤습니다.

때마침 출타를 했다가 돌아온 오빠는 전후사정을 모두 듣고 격분하여 누이동생을 찾아나섰습니다. 청정 비구를 파계시킨 그녀를 용서할 수 없었기 때문입니다. 마침내 오빠는 절벽 위의 바위에 앉아 쉬고 있는 누이를 발견하게 되었고, 그녀는 살기 등등한 모습으로 달려드는 오빠가 무서워 뒷걸음질을 치다가 그만 절벽 아래로 떨어져 죽고 말았습니다.

마침내 한 비구는 음계(淫戒)를, 한 비구는 살계(殺戒)를 범하고 만 것입니다. 두 비구는 서로 땅을 치며 잘못을 한탄하다가, 어떻게든 참회할 방법을 찾기 위해 부처님의 10대 제자 중 지계제일(持戒第一)인 우바리존자를 찾아가 자초지종을 말하고 여쭈었습니다.

"우바리존자시여, 우리의 죄업을 면하게 할 방법

은 없습니까?"

"아, 불쌍한 비구들이여. 그대들은 교단에서 축출을 당하고 죽어서는 지옥에 떨어지는 네 가지 바라이죄(波羅夷罪) 중 하나씩을 범하였다. 바라이죄를 범한 것은 마치 씨앗을 뜨거운 물에 푹 담그었다가 꺼내어 놓은 것과 같다. 이제 그대들은 깨달음〔菩提〕의 종자를 완전히 삶아버린 큰 죄인이 되었구나."

'아! 어쩌다가 이런 죄인이 되어버렸는가! 참회를 한들 무간지옥의 신세를 면치 못하게 되었으니….'

두 비구가 한탄을 하고 있을 때 마침 우바리존자와 자리를 함께 하고 있던 유마거사(維摩居士)가 말했습니다.

"우바리존자시여, 이 두 비구의 죄를 더 무겁게 해서는 안 됩니다. 오히려 저들의 뉘우침을 받아들여 근심을 없애주고 마음을 안정시켜 주어야 합니다. 무슨 까닭인가? 저들이 지었다는 죄가 어디에 있습니까? 그 죄의 실체는 안에도 있지 않고 밖에도 있지 않고 중간에도 있지 않나니, 부처님께서 말씀하신 바와 같습니다.

우바리존자시여, 마음이 더러우므로 중생이 더럽고, 마음이 청정하면 중생도 청정한 것입니다. 하지만 그 마음은 안에도 있지 않고 밖에도 있지 않고 중간에 있지도 않습니다. 마음이 그와 같으므로 죄의 허물 또한 그와 같고, 모든 법 또한 생겨날 것이 없는 것입니다. 만일 우바리존자께서 마음의 모든 상(相)을 떠나 해탈하였다면 거기에 허물이 있습니까?"

"허물이 없습니다."

"우바리존자시여, 일체 중생의 마음에 허물이 없는 것도 그와 같습니다. 망상이 허물이므로 망상만 없으면 청정하고, 거꾸로 된 생각이 허물이므로 거꾸로 된 생각만 없으면 청정하며, '나'를 취하는 것이 허물이므로 '나'를 취하지 않으면 청정합니다.

모든 것이 일어났다가 사라지는 것은 허깨비나 번갯불과 같아서 잠시도 머무르지 않습니다. 모든 것은 꿈과 같고 아지랑이와 같고 물에 비친 달과 같고 거울 속의 영상과 같이 모두가 망상으로부터 생긴 것입니다. 이 도리를 잘 아는 사람이야말로 계율을 잘 받드는 사람이라고 할 수 있고 깨달음을 얻은 사람이라고 불릴 수 있습니다.”

유마거사의 설법을 들은 두 비구는 '죄 그 자체에는 고유한 성품이 없다〔罪無自性〕'는 도리를 깨닫고 참회를 마쳤을 뿐 아니라, 큰 깨달음까지 얻었습니다.

§

유마거사께서는 '죄업은 망상이요, 망상은 꿈이나 아지랑이처럼 실체가 없고 안에도 바깥에도 중간에도 있지 않다. 망상을 비워 청정한 마음을 이루면 그대로 참회를 마친다'는 요지의 법문을 설하셨습니다. 그리고 두 비구는 이러한 이치를 깨달아 무간지옥에 떨어질 죄업으로부터 벗어나 깨달음을 이루었습니다.

바로 이것이 죄의 실상을 관찰하여 참회하는 이참법(理懺法)입니다. 업장 때문에 밝게 살지 못하는 것은, 마치 본래 맑고 깨끗한 거울에 먼지가 끼어 아무것도 비치지 않는 것과 같습니다. 그러나 망상의 먼지만 털어내면 모든 것이 환히 다 드러나게 됩니다.

『금강삼매경 金剛三昧經』에는 이에 대한 부처님의 명쾌한 답이 있습니다. 아난존자가 물었습니다.

"어떻게 하는 것을 참회라 하나이까?"

"진실관眞實觀에 들면 모든 죄가 사라지느니라."

이러한 부처님의 말씀을 원효스님은 보다 구체적으로 풀이하고 있습니다.

"모든 죄업은 망상으로부터 생겨나므로, 지금 모든 상相을 파하는 진실관에 든다. 그리하여 일체의 망상 경계를 어느 때 일순간에 파하게 되면 모든 죄가 일시에 사라진다."

이렇듯 죄업을 참회하고자 하는 이가 진실관에 들어 일체 망상을 파하게 되면 모든 죄업이 일시에 소멸됩니다. 물론 이와 같은 이참법은 보통 사람들이 쉽게 행할 수 있는 참회법이 아닙니다. 그렇지만 이 이참법의 원리에 따라 마음의 훈련을 쌓는다면 능히 좋은 결과를 이루어 낼 수가 있습니다.

곧, 모든 죄업의 근원이 되는 번뇌망상의 실체를 파악하고 마음을 비우는 것입니다. 일상생활 속에서 어떤 충동을 느끼거나 시비 또는 좋지 않은 일을 당하였을 때 다음과 같이 생각해 보십시오.

"진실이 아닌 것은 흘러간다. 한 걸음만 늦추자."

"모든 것은 그렇게 되게끔 되어 있다. 일도 할 만큼 할 수 있고 성취도 될 만큼 될 뿐이다. 굳이 애착을 갖고 시비할 것이 무엇이랴."

"나를 망치는 것은 나의 망상! 망상을 비울 때 참된 것은 나에게로 다가온다."

이렇게 생각하며 일어나는 탐욕과 분노와 어리석음의 번뇌들을 훌훌 떨쳐버리십시오. 정녕 이참법의 원리에 따라 망상을 비우고 진실관에 젖어들면, 나쁜 인연들이 다가서지 못할 뿐 아니라, 깨달음의 경지와 차츰 가까워지게 되는 것입니다.

그러나 반대로, '근본 마음자리에서 보면 죄가 붙을 수도 없고 죄라고 할 것도 없는데 무엇을 참회해!' 라는 식의 자세를 갖는다면 그 결과는 너무나 무섭게 다가옵니다. 원효스님께서는 말씀하셨습니다.

"수행하는 이가 자주자주 죄업의 실상(實相)을 사유하며 참회하면 네 가지 바라이죄와 오역죄(五逆罪)

도 어떻게 하지 못하게 되나니, 마치 허공이 불에 타지 않는 것과도 같다. 허나 방일하여 뉘우치지도 부끄러워하지도 않고 죄업의 실상을 사유하지도 않는다면, 비록 죄 자체가 본성(本性)은 없지만 장차 지옥에 떨어지게 되나니, 마치 꼭두각시 호랑이가 요술쟁이를 삼킴과 같느니라."

　참으로 깊이 새겨야 할 가르침입니다. 이제 원효스님께서 설하신 대승육정참회법에 대해 함께 살펴봅시다.

대승육정참회大乘六情懺悔

참회행자는 마땅히 육정六情의 방일放逸을 참회해야 한다. 우리 중생들은 시작 없는 옛적부터 제법諸法이 본래무생本來無生임을 깨닫지 못하고, 망념에 의해 전도되어 '나'와 '내 것'을 고집하고 분별하여 왔다. 그 결과 안으로는 육정六情을 세워 갖가지 분별의식을 일으키고, 밖으로는 육진六塵을 실지로 있는 것이라고 고집하며 살고 있다.

그러나 이 모두는 스스로의 마음이 지어낸 것으로 그림자나 꿈과 같아서 영원히 존재함이 없다. 하지만 그 가운데에 집착하여 남녀 등의 상대적인 것을 분별하여 갖가지 번뇌를 일으킨다. 그리고 스스로를 결박하는 업을 지어 오래도록 고해苦海에 빠져 있으면서도 요긴히 고해를 벗어나려 하지 않는다. 가만히 생각해 보면 참으로 괴이한 일이다.

이상은 원효대사께서 중생들이 죄업을 짓고 고해에 빠진 까닭을 아주 함축성 있게 정리한 글입니다.

'대승육정참회'의 육정(六情)은 우리의 감각 기관인 눈[眼]·귀[耳]·코[鼻]·혀[舌]·몸[身]·마음[意]을 지칭하는 육근(六根)의 다른 말입니다. 이 육정은 모양[色]·소리[聲]·냄새[香]·맛[味]·감촉[觸]·법[法]의 육진(六塵)을 받아들여 고뇌와 갈등을 일으키고 죄업을 짓게 됩니다. 그러므로 스스로의 감각기관인 육정을 잘 다스리지 못하면 진정한 참회가 이루어지지 않는다는 것을 밝힌 글이 「대승육정참회문」입니다.

원효스님께서 설하신 위의 말씀은 네 부분으로 나누어 정리할 수 있습니다.

① 본래무생本來無生임을 깨닫지 못함
② 그릇되이 전도되어 '나'와 '내 것'을 강조함
③ 남녀 등의 상대적인 생각 속에서 갖가지 번뇌를 일으킴
④ 스스로를 결박하는 업을 지어 고해에 빠짐

이 네 단계를 『기신론』에서는 본각(本覺)에서 불각(不覺)으로 흘러가는 '유전(流轉)'의 과정으로 설명

하고 있습니다.

본각이란 어떠한 상황에서도 오염되거나 변하지 않는 참되고 한결같은 마음자리입니다. 곧 바다와 같은 것입니다. 그러나 그 바다에 홀연히 무명풍(無明風)이 불기 시작하면 파도라는 동요의 모습이 나타나기 시작합니다. 그 결과 중생은 파도에 휩싸여 갖가지 업을 짓고 괴로움에 빠져들게 되는데, 그 동요와 고통받는 모습을 '불각(不覺)'이라고 합니다.

그리고 이 불각의 상태로부터 다시 본각으로 되돌아가는 '환멸(還滅)'의 과정을 '시각(始覺)'이라고 하며, 그 과정을 네 단계로 표현하고 있습니다. 위의 원효스님 말씀은 본각·불각·시각의 관계 중 본각에서 불각으로 흘러가는 과정을 나타낸 것입니다. 조금 더 상세히 이야기하겠습니다.

'제법이 본래무생(本來無生)'이라는 것은 본각에 해당합니다. 그러나 무명의 바람에 의해 동요되기 시작한 중생은 '나'와 '내 것'에 집착합니다. 중생은 나를 올바로 알지 못하는 어리석음〔我癡〕,나의 고집〔我見〕, 나에 대한 사랑〔我愛〕, 나의 교만〔我慢〕에 빠져 남과는 담을 쌓습니다.

　이렇게 하여 육정(六情 : 나)과 육진(六塵 : 대상)의 싸움은 시작됩니다. 나에게 맞으면 취하려 하고〔貪〕, 나에게 맞지 않으면 성을 내며〔瞋〕, 맞고 맞지 않음에 따라 많은 어리석은 생각들을 일으킵니다〔癡〕. 그리고 내가 잘났다는 생각〔慢〕과 상대에 대한 의심〔疑〕과 내가 옳다는 고집〔見〕을 더욱 키워가는 것입니다.

　(※ 이상의 '아치·아견·아애·아만'의 네 가지와 '탐·진·치·만·의·견'의 여섯 가지는 우리의 번뇌를 꿰뚫어보는데 매우 유익한 단어이므로 이 기회에 꼭 익혀두기를 당부드립니다.)

　이와 같이 마음이 그릇 흘러 마침내는 살생·도둑질·음행 등을 행하고, 거짓말·나쁜 말·이간질하는 말·아첨하는 말 등을 내뱉어 죄업을 짓고 갖가지 고통을 받게되고 마는 것입니다.

　그럼 어떻게 하여야만 죄업을 벗어버리고 완전히 해탈할 수 있는가?

　원효스님은 나의 감각기관인 육정과 감각의 대상이 되는 육진이 그림자나 꿈과 같은 줄을 알지 못하는 데서부터 죄업이 비롯된다고 보았습니다. 자연 육

정과 육진을 잘 다스리게 되면 죄업이 사라지고, 이
들을 잘 다스리려면 모든 것이 꿈과 같은 줄을 깨달
아야 한다고 주장하면서, 꿈의 비유를 들어 이를 설
명하고 있습니다.

① 이는 마치 잠을 자다가 스스로의 몸이 큰 물에 빠
져 떠내려가는 꿈을 꾸고 실제처럼 느끼는 것과
같다. 허나 이것이 단지 몽심夢心이 지어낸 것임
을 알지 못하기 때문에 실제로 물에 빠진 줄 알고
매우 두려워한다.

② 그러나 그 꿈에서 깨어나지 못한 상태라 할지라
도 문득 또다른 꿈을 꾸어서, '내가 지금 보고 있
는 것은 꿈일 뿐 현실이 아님'을 알 수가 있다.
이렇게 마음이 총명하면 꿈속에서 꿈인 줄을 깨
달을 수가 있고, 자연히 큰 물에 빠진 것에 대해
두려워하지 않게 된다.

③ 그렇지만 아직 제 몸이 침상 위에 누워있음을 알
지는 못한다. 그러므로 부지런히 머리를 움직이고
손을 움직여 완전히 깨어나기를 구하여야 한다.

④ 이렇게 하여 완전히 깨어났을 때 앞서 꾼 꿈을 살펴보면 어떠한가? 큰 물과 떠내려가던 몸은 있지가 않다. 오직 보이는 것은 고요한 침상 위에 누워있는 본래의 모습뿐이다.

원효스님은 『기신론소』에서, 불각의 상태에서 본각으로 돌아가는 시각(始覺)의 네 단계를 설명할 때도 이 꿈의 비유를 인용하고 있습니다. 시각의 네 단계는 불각(不覺) → 상사각(相似覺) → 수분각(隨分覺) → 구경각(究竟覺)입니다. 먼저 이 네 가지 각(覺)부터 살펴봅시다.

① 불각은 범부가 인과의 도리를 믿어 살생 · 도둑질 · 음행 · 망어 등을 짓지 않겠다고 결심하는 단계입니다.
② 상사각은 죄업의 직접적인 원인이 되는 탐(貪) · 진(瞋) · 치(癡) · 만(慢) · 의(疑) · 견(見)이 하잘것 없다는 것을 깨닫고 표면적으로 나타나는 망상들을 없애가는 단계입니다.

③ 수분각은 표면적인 번뇌망상을 일으키게 되는 근본 원인이 마음속에 잠재되어 이는 '나'와 '내 것'에 대한 집착에서 비롯되었음을 깨닫고, 나를 올바로 알지 못하는 어리석음[我癡]·나의 고집[我見]·나에 대한 사랑[我愛]·나의 교만[我慢]을 없애는 단계입니다.

④ 구경각은 주객을 분리시키는 원초적인 충동력까지 완전히 다스려, 티끌만큼도 그릇됨이 없는 진여(眞如)의 마음을 회복해 가지는 것입니다. 곧 부처님의 깨달음이 구경각입니다.

이 시각의 네 단계를 원효스님의 꿈이야기에 대비시켜 봅시다.

① 큰 물에 빠져 떠내려가는 것이 꿈인 줄 알지 못하고 두려워하는 것은 불각에 해당하고

② 문득 다른 꿈을 꾸어 큰 물에 떠내려가는 것이 꿈인 줄 아는 것은 상사각

③ 제 몸이 침상에 누워있음을 깨닫지 못하여 부지런히 몸을 움직이며 깨어나기를 구하는 것은 수분각

④ 완전히 깨어나 침상 위에 고요히 누워있는 본래의 모습을 보는 것은 구경각입니다.

이상의 가르침 속에서 죄업을 완전히 벗어나는 진참회(眞懺悔)가 무엇인지를 느꼈을 것입니다. 정녕 진참회는 '나'의 껍질을 벗어던지고 구경각을 이루는 것입니다. '나'의 꿈에서 깨어나 구경각을 이룸으로써 원래의 본각을 회복하는 것입니다.

우리가 깨어나야 할 꿈! 그 꿈은 번뇌와 죄업에 둘러싸인 현실입니다. 우리의 현실은 꿈일 뿐입니다. 깨고 보면 실체가 없는 꿈에 불과합니다. 꿈을 깨는 노력을 참회라고 본 원효스님께서는 한 걸음 더 나아가 참회의 끝과 해탈, 참회의 끝과 본각을 일치시킨 것입니다.

마지막으로 원효스님은 참회행자들에게 다음과 같이 닦아 참회를 마치고 해탈할 것을 당부하셨습니다.

이러한 긴 꿈과 같이, 중생들이 무명無明으로 마음을 덮어 헛되이 육도六道를 만들고 여덟 가지 괴로움〔八苦〕을 받으며 흘러다녔다. 이제부터는 안으로 모든 부처님의 부사의한 훈습薰習을 인因으로 삼고, 밖으로 모든 부처님의 대비원력大悲願力에 의지하여 다음과 같이, 믿고 닦아야 한다.

"나를 비롯한 중생들이 긴 꿈의 잠에 잠겨 헛된 계교로써 진실을 삼고, 육진 경계와 남녀 등 서로 상대적인 것에 대해 어긋난다·맞는다고 하였다. 그러나 이 모두가 한낱 나의 꿈일 뿐, 영원히 실實다운 일이란 없다. 무엇을 기뻐하고 무엇을 슬퍼하며, 무엇을 탐하고 무엇을 분노할 것인가."

이와 같이 거듭거듭 사유하여 꿈임을 관하며〔夢觀〕 점차로 닦아가면 여몽삼매如夢三昧를 이루게 되고, 이 삼매로 말미암아 무생법인無生法忍을 얻게 된다.

이렇게 긴 꿈을 좇아서 확연히 깨닫고 보면 본래부터 전혀 흘러다닌 일 없이, 오로지 일심一心으로 한 침상 위에 누워있었음을 알 수 있게 된다.

참으로 이와같이 거듭거듭 사유하면, 비록 여섯 티끌인 육진六塵이 다시 일어난다 할지라도 실다

운 것으로 삼지 않게 되고, 번뇌를 부끄러이 여겨
스스로 방일하지 않으리니, 이것을 이름하여 '대
승육정참회' 라고 하느니라.

이 맺는 말에서 원효스님은 인생의 긴 꿈, 윤회의
긴 꿈에서 깨어나자고 하셨습니다. 그리고 그 꿈은
몽관(夢觀)을 통한 여몽삼매(如夢三昧)를 이룸으로써
깨어날 수 있으며, 그 결과 무생법인을 얻게 된다고
하셨습니다.

삼매! 원효스님은 『기신론소』에서, '중생들이 삼매
에 들지 못하기 때문에 계속 허물을 범한다' 고 하였
습니다. 모든 수행자에게 있어 삼매는 참으로 중요한
것입니다. 삼매를 이루느냐 못 이루느냐에 따라 부처
의 자리로 올라서느냐, 흘러 다니는 중생의 삶을 계
속하느냐가 판가름지어집니다.

그러므로 삼매를 이루기 위해 끊임없이 정진해야
합니다. 끊임없이 '몽관' 을 관하다 보면 문득 여몽삼
매에 들고, 삼매에 들면 본래 무생(無生)임을 깨닫게
되어 무생법인(無生法忍)을 성취한다는 것을 원효스

님께서는 주창하신 것입니다.

물론 이러한 여몽삼매에 드는 것은 참회하는 그 당사자의 힘만으로 이루어지는 것이 아닙니다. '안으로 모든 부처님의 부사의한 훈습을 인(因 : 씨앗 · 근본)으로 삼고, 밖으로 모든 부처님의 대비원력에 의지해야 한다'고 하였습니다.

이 말씀은 불보살이 대비원력과 수행력, 지혜의 힘 등으로 언제나 중생들을 보살피고 있기 때문에 보다 쉽게 삼매에 들어 참회를 이룰 수 있다는 가르침입니다. 원효스님은 『무량수경종요』에서, 비유를 들어 참회행자에 대한 큰 보살핌을 설명하고 있습니다.

"비유하면 천 년 동안 성을 쌓아 그 높이가 백 리나 된다 할지라도 콩알만한 불로써 하루 동안 다 태워버리는 것과 같다. 또 앉은뱅이가 제 힘으로 부지런히 나아가도 여러 날 만에 1유순由旬 밖에 갈 수 없지만, 그가 남의 배를 타고 가게 되면 바람의 힘으로 하루 동안 천리길도 갈 수 있는 것과 같다."

정녕 모든 불보살님의 자비는 끝이 없습니다. 그 불가사의한 지혜와 자비와 행원력으로 우리를 은근히 보살피고 깨달음의 향기에 젖게 합니다.

이제 우리는 두려워할 것이 없습니다. 오직 해야 할 일은 참회하는 것입니다. 진심으로 참회하고 거듭거듭 몽관을 사유하다 보면 여몽삼매를 얻고, 불자의 최종목표인 '부처되는 일'을 이룰 수 있게 됩니다.

"쉬지 않으면 마침내 이루어지느니라."

열반 직전의 부처님께서 마지막으로 남기신 이 말씀을 새기며, 부지런히 참회정진하여 대자재와 큰 행복을 우리의 것으로 만들어 봅시다. 참회는 맺힌 것을 풀고, 참회는 덧없는 꿈을 깨우며, 참회는 대해탈과 무한행복을 안겨주나니….

부디 모든 불자들께서 진참회를 이루어 성불하시기를 깊이깊이 축원드리옵니다.

나무마하반야바라밀.

기도 및 영가천도의 지침서

광명진언 기도법 / 일타스님·김현준   신국판 176쪽 6,000원

광명진언 기도를 널리 펴고자 일타스님과 김현준 원장이 함께 저술한 책. 광명진언 속에 새겨진 참의미와 바른 기도법, 빠른 기도성취법 등을 자상하게 설하고, 유형별 기도성취 영험담을 다양하게 수록하였으며, 누구나 보기 쉽도록 큰활자로 발간하였습니다. 광명진언을 외우면 행복과 평화, 영가천도, 소원성취를 이룰 수 있습니다.

생활 속의 기도법 / 일타스님   신국판 160쪽 5,500원

불교계 최대의 베스트셀러! 일상생활에서 누구나 처할 수 있는 여러 가지 상황에 따른 구체적인 기도방법에서부터 특별기도성취법·영가천도기도법·기도할 때 지녀야 할 마음가짐까지, 자상한 문체로 예화를 섞어 쉽고 재미있게 엮었습니다.

기도 / 일타스님   신국판 240쪽 8,000원

총 6장 52편의 다양한 기도 영험담으로 엮어진 이 책을 읽다보면 기도를 통해 틀림없이 부처님의 가피를 입을 수 있음을 확신할 수 있게 되고, 올바른 기도법과 함께 기도성취의 지름길을 알 수 있게 됩니다.

기도성취 백팔문답 / 김현준   신국판 240쪽 8,000원

기도에 대한 정의·기도와 믿음·업장소멸의 방법·꾸준한 기도의 효험·원을 세우는 법·축원법·각종 기도가피와 기도성취의 시기·성취를 위한 하심법下心法 등 기도에 관한 궁금증들을 문답형식으로 자상하게 풀이하였습니다.

참회와 사랑의 기도법 / 김현준   신국판 192쪽 6,500원

총 84가지 문답을 통하여 참회의 정의에서부터 참회기도를 해야하는 까닭, 절을 통한 참회법·염불참회법·주력참회법·가족을 향한 참회법, 기도 축원의 구체적인 내용 및 자비의 기도가 갖는 효과, '백중과 영가천도'등에 대해 아주 상세하게 설명하고 있습니다.

불교의 자녀사랑 기도법 / 김현준   신국판 160쪽 5,500원

사랑하는 자녀들을 가장 잘 사랑할 수 있는 방법을 부처님의 가르침에 의지하여 정립하고 생활화한 책입니다. 이 책의 가르침을 따라 자녀를 사랑하고 기도해보십시오. 우리의 자녀들이 뜻하는 바 소원을 성취하고, 행복과 평화를 누릴 수 있게 될 것입니다. 부록으로 부모님께 효도하여야 하는 까닭과 방법도 수록하였습니다.

참회〈신간〉 / 김현준   4×6판 160쪽 5,000원

참회의 원리와 공덕, 절·염불·주력을 통한 참회법, 간단하면서도 효과가 큰 오회참법, 자비축원의 참회, 이참법, 원효대사의 대승육정참회 등을 감동 깊게 엮은 책으로, 참회를 통해 깨달음을 이루고 자유로운 삶과 행복하게 사는 방법 등을 일러주고 있습니다.

법보시를 원하시는 분은 출판사로 연락 주십시오. 할인혜택을 드립니다.
전화 02-587-6612, 582-6612 팩스 02-586-9078

신묘장구대다라니 기도법 / 우룡스님·김현준　신국판　208쪽　7,000원
신묘장구대다라니를 외우면 생겨나는 가피와 공덕, 기도의 방법과 주의할 점, 우룡스님이 들려주는 14편의 영험담, 대다라니의 근본경전인 『무애대비심다라니경』을 수록하고 있는 이 책을 읽고 자신있게 기도하면 심중소원의 성취와 기적같은 체험도 할 수 있습니다.

기도 성취의 지름길 / 우룡스님　　　　4×6판　160쪽　4,500원
가족을 위한 기도와 기도 성취의 원리에 초점을 맞춘 감동적인 기도법문입니다. 제1부 「가족 행복을 위한 기도」에서는 가족을 향한 참회와 절의 필요성, 3배 기도의 큰 영험에 대해 일러주고 있으며, 제2부 「빠른 기도 성취의 길」에서는 믿음과 정성이 뒤따라야 기도 성취를 잘할 수 있고, 기도의 고비를 잘 넘겨야 능히 행복과 대해탈의 문이 열린다는 것을 많은 이야기를 곁들여 설하고 있습니다.

기도 이야기 / 우룡스님　　　　　신국판　204쪽　7,000원
"스님, 기도로 소원을 성취할 수 있습니까?" 총 6장 45편의, 참으로 재미있는 기도성취 영험담이 수록된 이 책을 읽고 기도를 하면, 불보살님과 통하는 감응의 길이 열리면서 심중소원을 빨리 성취하게 됩니다. 또한 이야기 끝에 붙인 큰스님의 해설은 기도의 방법을 쉽게 터득할 수 있도록 이끌어줍니다.

영가천도 / 우룡스님　　　　　　신국판　160쪽　5,500원
영가의 장애를 느끼십니까? 돌아가신 영가를 영가를 제대로 천도해 드리지 못했습니까? 영가천도의 필요성과 기본자세, 염불·독경·사경을 통한 영가천도, 49재, 낙태아 천도 등 영가천도에 관한 궁금증 및 천도의 방법을 우룡스님의 자세한 법문으로 풀어드립니다.

미타신앙·미타기도법 / 김현준　　　　신국판　160쪽　5,500원
아미타불의 참 모습에서부터 극락에서 누리는 행복, 칭명염불·오회염불·관상염불·천도염불 등의 각종 염불수행법과 함께 임종하는 이를 위한 의식과 49재 기간의 행법 등을 자세히 밝히고 있습니다.

지장신앙·지장기도법 / 김현준　　　　신국판　192쪽　6,500원
지장신앙 속에는 영가천도뿐만이 아니라 현세에서의 행복과 깨달음, 성불의 비결까지 간직되어 있습니다. 이러한 지장신앙의 여러 측면과 함께 생활 속에서 할 수 있는 지장기도법을 자세히 밝혀놓았습니다.

참회·참회기도법 / 김현준　　　　　신국판　160쪽　5,500원
참회의 참된 의미, 절·염불을 통한 참회, 참회인의 마음가짐, 이참법 등을 영험담들과 함께 감동 깊게 엮은 책으로, 참회를 통해 행복하고 자유로운 삶을 사는 방법을 열어주고 있습니다.

병환과 기도 / 일타스님·김현준　　　　　4×6판　84쪽　2,500원

일타큰스님의 스테디셀러

부드러운 말 한마디 미묘한 향이로다 / 일타스님　240쪽 8,000원
일타스님 대표 법문집. 삶의 이유, 복된 삶 이루는 방법, 보시와 지계, 도 닦는 법, 지혜성취법 등의 맑고 주옥같은 법문을 수록하여 읽는 이들에게 행복의 세계로 향하는 문을 열어주고 있습니다.

불자의 마음가짐과 수행법 / 일타스님　신국판 192쪽 6,500원
불자들이 큰 행복과 대자유를 얻기 위해서는 어떠한 마음가짐으로 살아야 하며, 참선·염불·간경·주력의 불교 4대 수행법을 어떻게 닦아야 하는가를 갖가지 비유를 들어 자상하게 설하고 있습니다.

불자의 기본 예절 / 일타스님　신국판 160쪽 5,500원
불교 예절의 근본이 되는 마음가짐과 말씨, 걸음걸이와 앉음새, 합장법, 절하는 법, 법당에서의 예절, 법문 듣는 법, 목욕·입측법 등 절집안의 생활 예절을 보다 쉽게 접할 수 있도록 많은 이야기를 곁들여 재미있게 엮었습니다.

오계이야기 / 일타스님　신국판 160쪽 5,500원
살생·투도·사음·망어의 근본 4계에 불음주계를 합한 5계에 대한 법문집. 재미있는 일화를 들어 각 계율의 연원과 지키는 방법, 계율을 범했을 때의 과보 등을 자세히 설했습니다. 복된 불자의 길로 나아가게 하는 불자의 필독서입니다.

윤회와 인과응보 이야기 / 일타스님　신국판 240쪽 8,000원
"죽음 뒤의 세상, 인간은 과연 윤회하는 존재인가?" 내가 지은 업은 어떻게 전개될 것인가? 이러한 의문의 해답을 일러주고자 총 49가지 이야기로 엮은 이 책을 읽다 보면 윤회와 인과응보에 대한 해답을 명확하게 얻을 수 있게 됩니다.

육조단경(덕이본德異本) 증보개정판 / 김현준 역　4X6배판 208쪽 8,000원
육조 혜능대사께서 설한 선종의 근본 경전으로, 인간의 참된 본성을 보게 하여 마음을 치유하고 깨달음을 열어줍니다. 계속 정독하면 영성이 깨어나고 대자유인이 될 수 있습니다. 증보개정판을 내면서 한글 번역 옆에 한자 원문을 붙여 뜻을 잘 이해할 수 있도록 하였으며, 글씨를 조금 더 크고 뚜렷하게 하여 읽기 좋도록 하였습니다.

선가귀감 / 서산대사 저　김현준 역　4X6배판 136쪽 6,000원
조선시대 최고의 고승인 서산대사께서 선禪에 대한 다양한 가르침을 중심에 두고 참회·염불·계율·육바라밀·도인의 삶 등을 간절하게 설하여 불자들의 신심과 정진에 큰 도움을 주는 소중한 책입니다. 읽으면 읽을수록 쾌락함과 깊은 맛을 느낄 수 있습니다.　(한글 한문 대조본)

경봉·우룡큰스님의 스테디셀러

❀

뭐가 그리 바쁘노(경봉대선사 일화집) / 김현준 엮음

삶! 이렇게 살아라, 좌절에 빠진 이들에게, 일상 속의 스님 모습 등 총 8장 73가지 일화를 담은 이 책 속에는 우리의 정신을 번쩍 깨어나게 하고 새로운 기운을 불러 일으키는 일화들을 비롯하여, 스님께서 제자·시자·신도·수행승들과 함께한 일상 생활 속의 참모습들이 생생하게 묘사되어 있습니다.   4×6판 180쪽 5,000원

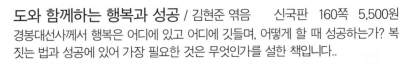

참 생명을 찾는 경봉스님 가르침 / 김현준   신국판 192쪽 6,500원

경봉스님의 참 생명을 찾는 공부 방법과 도와 인생의 실체, 이 사바세계를 무대로 삼아 멋있게 사는 법 등을 다양한 이야기와 함께 엮은 책입니다..

도와 함께하는 행복과 성공 / 김현준 엮음   신국판 160쪽 5,500원

경봉대선사께서 행복은 어디에 있고 어디에 깃들며, 어떻게 할 때 성공하는가? 복 짓는 법과 성공에 있어 가장 필요한 것은 무엇인가를 설한 책입니다..

바보가 되거라(경봉스님 일대기)/ 김현준 엮음   신국판 224쪽 7,500원

불교신행의 주춧돌 / 우룡스님   신국판 240쪽 8,000원

신행생활 속에서 자주 겪게 되는 시행착오를 미리 피하고, 올바른 정진을 하여 깨 달음의 세계로 나아가는데 꼭 필요한 마음가짐과 신행방법 등을 자상한 문체와 일화들로 알기 쉽게 엮었습니다.

정성 성誠이 부처입니다 / 우룡스님   신국판 240쪽 8,000원

'정성 성'이 부처요, 모든 것이 부처님 하는 일. 대우주와 하나되는 삶, 마음 단속과 마음 열기, 마음 다스리기, 번뇌와 업장을 비우는 방법 등을 쉽게 일러주고 있습니다.

불자의 행복 찾기 / 우룡스님   신국판 190쪽 6,500원

우룡스님 설법의 결정판. ① 복 받기를 원하거든 ② 보시로 이루는 큰 복 ③ 아상 과 무주상 ④ 행복과 기도의 총 4장으로 나누어져 있는 이 책을 읽다 보면 복 짓 고 복 쌓고 복 받는 방법과 원리를 저절로 터득할 수 있게 됩니다.

신심으로 여는 행복 / 우룡스님   신국판 192쪽 6,500원

믿음과 기도, 신심을 키우는 방법, 신심 속에서 나타나는 가피와 성취, 윤회에 대한 믿음, 불성의 발현과 믿음, 가정과 나를 살리는 실천법 등이 수록되어 있습니다.

불자의 살림살이 / 우룡스님   신국판 160쪽 5,500원

참된 불자의 살림살이가 무엇인지, 특히 가족을 향한 참회와 복 짓는 방법, 평온을 얻고 지혜를 이루는 방법을 쉽고도 일목요연하게 설한 법문집입니다.

불교의 수행법과 나의 체험 / 우룡스님   신국판 160쪽 5,500원

염불 및 주력수행법, 기도를 잘하는 법, 경전공부의 방법, 참선 수행법, 수행과 업 장소멸, 수행정진의 비결 등을 스님의 체험을 예로 들면서 재미있게 엮었습니다.

알기 쉬운 경전 해설서

생활 속의 반야심경 / 김현준   신국판 240쪽 8,000원
空空의 의미, 모든 괴로움의 원인과 괴로움에서 벗어나는 방법, 색즉시공 공즉시색의 참
뜻, 걸림 없고 진실불허한 삶을 이루는 방법 등을 반야심경의 경문을 따라 쉽고 상세하고
재미있게 풀이하고 있습니다.

화엄경 약찬게 풀이 / 김현준   신국판 216쪽 7,000원
불자들이 자주 독송하는 화엄경약찬게! 화엄경약찬게를 그냥 읽으면 참으로 어렵고 무슨 내
용인지 알 수 없지만 이 풀이를 본 다음에 읽으면 약찬게를 명확히 파악할 수 있게 될 뿐 아
니라 화엄경의 내용까지 꿰뚫어 환희심이 샘솟고 대화엄의 세계에서 노닐 수 있게 됩니다.

생활 속의 천수경 (개정판) / 김현준   신국판 240쪽 8,000원
천수관음이 출현하신 까닭, 천수관음을 청하는 법과 가피를 얻는 법, 신묘장구대다라니의
풀이와 공덕, 찬탄의 공덕과 참회성취의 비결, 준제기도 및 주요 진언 속에 깃든 의미, 여래
십대발원문 사홍서원 삼귀의 의미 등을 상세히 풀이하였습니다.

생활 속의 금강경 / 우룡스님   신국판 304쪽 9,000원
금강경의 심오한 내용을 알기 쉽게 풀이하고 일상생활과 접목시켜 강설함으로써 삶의 현
장에서 금강경의 가르침을 능히 응용할 수 있도록 하였고, 감동을 주는 일화들을 많이 삽
입하여 재미를 더해주고 있습니다.

생활 속의 관음경 / 우룡스님   신국판 240쪽 8,000원
관세음보살보문품인 관음경을 통하여 관세음보살의 본질, 일심칭명과 재난 소멸법, 공경
예배와 소원 성취법, 관세음보살을 관하는 법 등에 대해 여러 가지 영험담과 함께 감동적
으로 풀이하고 있습니다.

생활 속의 보왕삼매론 / 김현준   신국판 240쪽 8,000원
『보왕삼매론』을 해설한 이 책은 병고 해탈, 고난 퇴치, 마음공부와 마장 극복, 일의 성취,
참사랑의 원리, 인연 다스리기, 공덕 쌓는 법, 이익과 부귀, 억울함의 승화 등 누구나 인생
살이에서 겪게 되는 장애들을 속 시원하게 뚫어주고 있습니다.

천지팔양신주경 사경 (1책으로 3번 사경)   4×6배판 112쪽 4,500원
옛부터 건축·결혼·출산·사업·죽음 등 평생의 삶 중에서 중요한 때마다 읽고 쓰면 크
게 길하고 이롭고 장수하고 복덕을 갖추게 된다고 전해지고 있습니다.

부모은중경 사경 (1책으로 3번 사경)   4×6배판 112쪽 4,500원
부처님께서는 부모님의 은혜를 새기면서 이 경을 쓰게 되면 그 어떤 행보다 큰 공덕이 생
겨난다고 하였습니다. 정성 들여 사경하면 뜻하는 바가 이루어집니다.

보왕삼매론 사경 (1책으로 50번 사경)   4×6배판 120쪽 4,500원
보왕삼매론을 사경하면 재앙이 소멸됨은 물론이요 생활 속의 걸림돌이 디딤돌로 바뀌고
고난이 사라져 하루하루가 편안해집니다.

보현행원품 한글사경 (1책으로 3번 사경)   4×6배판 120쪽 4,500원
행원품을 사경하면 자리이타의 삶과 업장 참회, 신통·지혜·복덕·자비 등을 빨리 이룰
수 있고 세세생생 불법과 함께하며 보살도를 성취할 수 있습니다.

약사경 한글사경 (1책으로 3번 사경)   4×6배판 112쪽 4,000원
약사경을 사경하면 약사여래의 가피가 저절로 찾아들어, 병환의 쾌차, 집안 평안, 업장소
멸을 비롯한 갖가지 소원을 쉽게 성취할 수 있습니다.

영험 크고 성취 빠른 각종 사경집 (책 크기 4×6배판)

광명진언 사경 (가로쓰기:1080번 사경)   128쪽 5,000원
광명진언 사경 (세로쓰기:1080번 사경)   128쪽 5,000원
눈으로 보고 입으로 외우고 손으로 쓰고 마음으로 새기는 광명진언 사경은 크나
큰 성취를 안겨줍니다.

금강경 한글사경 (1책으로 3번 사경)   144쪽 5,500원
금강경 한문사경 (1책으로 3번 사경)   144쪽 5,500원
금강경 한문한글사경 (1책으로 1번 사경)   100쪽 4,000원
요긴하고 으뜸된 경전인 금강경을 사경해 보십시오. 업장소멸과 함께 크나큰 깨
달음과 좋은 일들이 저절로 다가옵니다.

아미타경 한글사경 (1책으로 7번 사경)   116쪽 4,500원
살아 생전 또는 부모나 가까운 분이 돌아가셨을 때 이 경을 쓰면 극락왕생이 참
으로 가까워집니다.

반야심경 한글사경 (1책으로 50번 사경)   116쪽 4,500원
반야심경 한문사경 (1책으로 50번 사경)   116쪽 4,500원
반야심경을 사경하면 호법신장이 '나'를 지켜주고, 공의 도리를 깨달아 평화롭
고 안정된 삶이 함께 합니다.

신묘장구대다라니 사경 (50번 사경)   116쪽 4,500원
대다라니를 사경하면 관세음보살님과 호법신장들이 '나'와 주위를 지켜주고 소
원성취와 동시에, 행복하고 자비심 가득한 마음을 가질 수 있도록 해줍니다.

천수경 한글사경 (1책으로 7번 사경)   112쪽 4,500원
천수경을 사경하고 독송하면 천수관음의 가피가 저절로 찾아들어, 업장 및 고난
의 소멸과 갖가지 소원을 쉽게 성취할 수 있습니다.

관음경 한글사경 (1책으로 5번 사경)   112쪽 4,500원
관음경을 사경하면 늘 행복이 함께하며, 학업성취·건강쾌유·자녀의 성공·경제
문제 등에도 영험이 매우 큽니다.

지장경 한글사경 (1책으로 1번 사경)   144쪽 5,500원
지장경을 사경하고 독송하면 영가천도는 물론이요, 각종 장애가 저절로 사라지
고 심중의 소원이 성취됩니다.

아미타불 명호사경 (1책으로 5,400번 사경)   160쪽 6,000원
'나무아미타불'과 '아미타불'을 오회염불법에 따라 외우고 쓰는 특별한 명호사
경집입니다. 집중력을 더하여, 심중 소원 성취에 큰 도움을 줍니다.

관세음보살 명호사경 (1책으로 5천4백번 사경)
지장보살 명호사경 (1책으로 5천번 사경) 각 권 108쪽 4,500원
'관세음보살'이나 '지장보살'의 명호를 쓰면서 입으로 외우고 마음
에 새기면, 관세음보살님과 지장보살님의 가피를 입어 몸과 마음이
큰 변화를 이루고, 마음속의 원을 능히 성취할 수 있습니다.

많이 찾는 기도 독송용 경전

✿

한글 『법화경』과 『법화경 한글사경』

불교 최고 경전인 법화경! 이 경을 독송하고 사경해 보십시오.
소원성취는 물론 깨달음과 경제적인 풍요까지 안겨줍니다.

법화경 (독송용) 김현준 역　　4x6배판　총22,000원
전3책 제1·2책 176쪽 7,000원 제3책 192쪽 8,000원

법화경 한글사경 김현준 역　4x6배판　총 22,500원
전5책 각권 120쪽 내외 권당 4,500원

지장경 김현준 편역　　　　　　　　4×6배판 208쪽 8,000원

이 책은 지장기도를 하는 분들을 위해 ① 지장경을 처음부터 끝까지 1번 독송,
② '나무지장보살'을 천번염송,　　③ 지장보살예찬문을 외우며 158배,
④ '지장보살'천번 염송의 4부로 나누어 특별히 만들었습니다.
지장경 독경 및 지장보살예참과 염불을 할 때, 각 장 앞에 제시된 기도법에 따라
기도를 하면, 영가천도·업장소멸·소원성취·향상된 삶을 이룩할 수 있습니다.

자비도량참법 / 김현준 역　　　　　양장본 528쪽 22,000원
참되이 참회하시기를 원하십니까? 자비도량참법 기도를 하면 나의 허물과 죄업의
참회에서 시작하여 부모 스승 친척 등 육도 속을 윤회하는 온 법계 중생의 업장과
무명까지 모두 소멸시켜주며, 자비가 충만해지고 환희심이 넘쳐나게 됩니다.

원각경 / 김현준 편역　　　　　　　4×6배판 192쪽 8,000원
한국불교의 근본 경전인 원각경을 수십 차례 번역·수정·윤문하여 쉽게 이해할 수 있도록 하
였습니다. 한글과 원문을 바로 옆에 두어 대조하며 읽을 수 있습니다.

유마경 / 김현준 역　　　　　　　　4×6배판 296쪽 12,000원
보살의 병, 불도란 어떤 것인가? 깨달음의 세계로 들어가는 불이법문, 참된 불국토를 건설하는
방법 등등 매우 소중한 가르침들을 가득 담고 있는 이 경을 읽다보면 마음이 탁 트입니다.

승만경 / 김현준 편역　　　　　　　4×6배판 144쪽 6,000원
여인의 성불 수기와 함께 승만부인의 서원, 정법·번뇌·법신·일승·사성제·자성청정심·여
래장사상 등을 분명히 밝힌 보배로운 경전입니다.(한글 한문 대조본)

보현행원품 / 김현준 편역　　　　　4×6배판 112쪽 4,500원
행원품과 예불대참회문을 함께 실어 독경 후 행원품에 근거한 정통 108배를 행할 수 있도록
만들었으며, 독송 방법과 대참회의 의미 등도 상세히 설명하였습니다.

밀린다왕문경 / 김현준 편역　　　　　　신국판 204쪽 7,000원
그리스 왕인 밀린다와 불교 승려인 나가세나가 인생과 불교에 대해 대론한 것을 정리한 경전.
윤회·업·수행·지혜·해탈 등에 대한 조리정연한 번역이 신심을 더욱 불러일으킵니다.